P. Fried · H. Haushofer

Die Ökonomie des Klosters Diessen
Das Compendium Oeconomicum von 1642

Quellen und Forschungen zur Agrargeschichte

Begründet von
Günther Franz und Friedrich Lütge

Herausgegeben von
Professor Dr. Wilhelm Abel, Göttingen, und
Professor Dr. Günther Franz, Stuttgart-Hohenheim

BAND XXVII

Die Ökonomie des Klosters Diessen
Das Compendium Oeconomicum von 1642

GUSTAV FISCHER VERLAG · STUTTGART
1974

Die Ökonomie des Klosters Diessen

Das Compendium Oeconomicum von 1642

Von

Pankraz Fried, Walleshausen

Heinz Haushofer, Pähl

GUSTAV FISCHER VERLAG · STUTTGART
1974

Privatdozent Dr. Pankraz Fried, 8901 Walleshausen, Wabern

Professor Dr. Heinz Haushofer, 8121 Pähl, Hartschimmel

ISBN 3-437-50171-2

© Gustav Fischer Verlag, Stuttgart, 1974

Alle Rechte vorbehalten

Druck: Grammlich, Pliezhausen

Einband: Sigloch, Stuttgart

Printed in Germany

Inhaltsverzeichnis

Vorwort	VII
I. Einleitung	IX
1. Bedeutung und Stellung des COMPENDIUM OECONOMICUM (H. Haushofer)	IX
a) Die Stellung der Quelle in der Agrarliteratur des 17. Jahrhunderts	IX
b) Zur Person des Verfassers	X
c) Die Handschrift	XII
2. Das Augustinerchorherrenstift Diessen (P. Fried)	XIV
a) Allgemeine Geschichte	XIV
b) Die Entwicklung des Stifts bis zum Dreissigjährigen Krieg	XVIII
c) Die Kriegslage zur Zeit der Entstehung der Handschrift	XX
3. Zur Landwirtschaft des Stifts 1622-1642 (H. Haushofer)	XXI
a) Natürliche Voraussetzungen	XXI
b) Wirtschaftliche und strukturelle Voraussetzungen	XXIII
- Der Diessener Hofmark	XXIII
- der Eigenwirtschaft des Stifts	XXIX
II. Das Compendium Oeconomicum (Text)	6
III. Glossar	84
IV. Ortsweiser	87

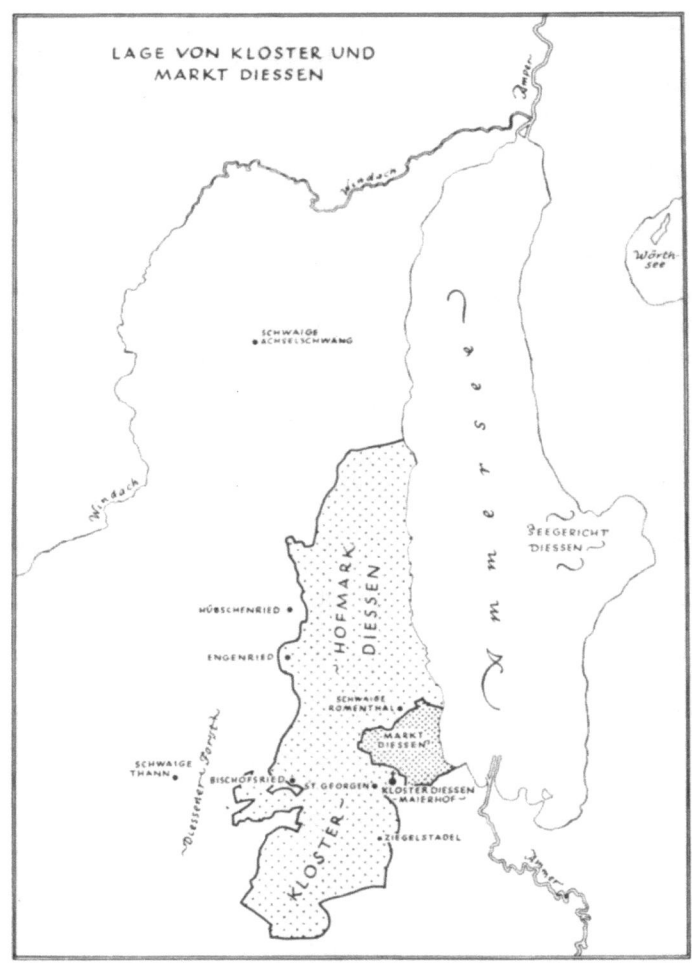

Lage von Stift und Hofmark Diessen
samt der drei Klosterschwaigen, nach: Historischer Atlas von Bayern,
Teil Altbayern, Band 22/23, Die Landgerichte Landsberg und Schongau,
1971.

Vorwort

Die fachliche Begründung für die Aufnahme eines bayerischen Wirtschaftshandbuches aus dem Dreissigjährigen Krieg in die Sammlung "Quellen und Forschungen zur Agrargeschichte" wird in der folgenden Einleitung gegeben. Die Herausgeber können sich infolgedessen hier darauf beschränken, ihren Dank an diejenigen auszusprechen, die zur Drucklegung wesentlich beigetragen haben. Es ist dies in erster Linie das Bayerische Staatsministerium für Ernährung, Landwirtschaft und Forsten, dessen Interesse an dieser Publikation schon dadurch gegeben ist, dass der bayerische Staat durch die Säkularisation 1803 der Erbe einiger Bestandteile der hier dargestellten Oekonomie des Augustiner-Chorherrenstiftes Diessen wurde, die heute noch in seinem Besitz sind und z. T. einen gut bekannten Namen haben, wie etwa die ehemalige Klosterschwaige, das heutige Staatsgut Achselschwang. Fördernd haben sich weiterhin beteiligt der Landkreis Landsberg am Lech, in dem Diessen heute liegt; ferner die Marktgemeinde Diessen am Ammersee. Ihnen allen sei herzlich dafür gedankt, dass ein auf sie bezügliches Dokument durch ihre Mithilfe nach über 300jähriger Verschollenheit der Öffentlichkeit zugänglich gemacht wird. Der Verfasser dieses COMPENDIUM OECONOMICUM, der 1643 verstorbene Prokurator des genannten Stifts, Wilhelm Reittorner von Schöllnach, hat in seinem Manuskript ausgesprochen, dass er diese seine Lebensarbeit "der lieben Posterität" widme. Es ist den Herausgebern - neben dem zu erhoffenden wissenschaftlichen und heimatkundlichen Ertrag der Veröffentlichung - eine kleine Genugtuung, dieser Widmung entsprechen zu können.

Pankraz Fried   Heinz Haushofer

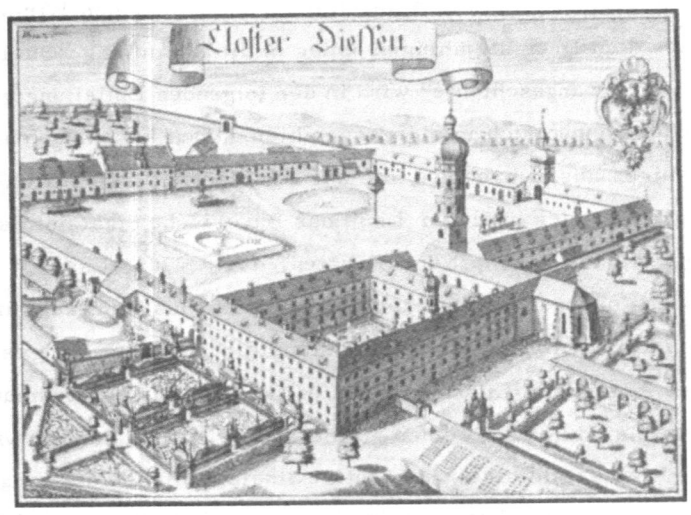

Das Augustinerchorherrenstift Diessen 1701
Blick in den Maierhof mit den Stallungen und dem zweistöckigen Kornkasten,
aus: Michael Wening, Beschreibung des Churfürsten- und Herzogtums Ober-
und Nidern Bayrn, Erster Teil, Das Rentamt München, 1701, Blatt 122.

I. Einleitung

1. Bedeutung und Stellung des Compendium Oeconomicum (H. Haushofer)

a) Die Stellung der Quelle in der Agrarliteratur des 17. Jahrhunderts

Mit dem COMPENDIUM OECONOMICUM des Prokurators des Augustinerchorherrenstiftes Diessen am Ammersee in Oberbayern aus dem Jahre 1642 wird eine bisher nur einmal handschriftlich vorhandene Quelle zur süddeutschen Agrargeschichte vorgestellt. Grund zur Veröffentlichung ist einmal, dass die Handschrift den Zeitraum von 1622 bis 1642 behandelt, also einen Grossteil des 30jährigen Krieges. Es kann erhofft werden, damit zur Schliessung einer Lücke beizutragen, die Schröder-Lembke deutlich gemacht hat (1). Das COMPENDIUM gehört, der Zeit seiner Entstehung nach, literarisch gesehen, zweifellos in den Raum der barocken Hausväterliteratur. Doch lässt sich diese in zwei gleichgewichtige Gruppen unterscheiden, von denen die eine vor, die andere nach dem 30jährigen Krieg liegt. Zur ersteren gehören die Werke von Heresbach (1570), Grosser (1590), Coler (1591-1601) und Thumbshirn (1616); zur letzteren Hohberg (1687), Fischer (1696) und Florinus (1702). Dazwischen "verursacht der Dreissigjährige Krieg eine Stockung in der Entwicklung der Landwirtschaftsliteratur ... Bis in die 70er Jahre hinein sind keine neuen Hausbücher entstanden" (Schröder-Lembke). Mitten in dieser Lücke steht das COMPENDIUM.

Einen weiteren Grund für die Veröffentlichung nennt Abel (2): "Die Hausväterbücher lassen den Historiker im Stich, wenn er die Strukturen der Herrschaft, so wie sie waren, und die Betriebe über die rein technischinstitutionellen Seiten hinaus nach wirtschaftlichen Merkmalen überprüfen möchte. Dazu bedarf es weiterer Aussagen. Sie sind in den Aufschreibungen, Rechnungen, Taxationen der Güter und den Wirtschaftsinstruktionen vorhanden, die sich an die Mittelschicht der Verwalter und Amtmänner wenden". Die Konsequenz wurde in der vorliegenden Schriftenreihe durch die Herausgabe der beiden frühen Landwirtschaftsschriften von Grosser und Thumbshirn gezogen (3), zu denen Schröder-Lembke feststellte: "(Die Hausväterbücher) haben oft geringeren Aussagewert, als die schmalen Wirtschaftsbücher von Thumbshirn und Grosser, da die enge Bindung an eine bestimmte Landschaft fehlt ... Gerade die stoffliche und landschaftliche Begrenztheit unserer beiden Schriften machen ihren besonderen Quellenwert aus."

---

(1) Gertrud Schröder-Lembke, Die Hausväterliteratur als geschichtliche Quelle, ZAA I (1953), 1, S. 113.

(2) Wilhelm Abel, Geschichte der deutschen Landwirtschaft vom frühen Mittelalter bis zum 19. Jahrhundert (Deutsche Agrargeschichte, Bd. 2) 1962, S. 187.

(3) Martin Grosser, Anleitung zu der Landwirtschaft, und Abraham von Thumbshirn, Oeconomia, hg. von Gertrud Schröder-Lembke (Quellen und Forschungen zur Agrargeschichte, Bd. XII, 1965).

Die hier erwünschte "Bindung an eine bestimmte Landschaft" ist im COMPENDIUM vorhanden, und gerade dadurch kann eine weitere Lücke geschlossen werden. Denn von den oben genannten früheren und späteren Autoren bezieht sich Heresbach in erster Linie auf die Landschaft um den Niederrhein; Grosser auf Niederschlesien; Thumbshirn auf Sachsen; Coler auf Schlesien, die Mark Brandenburg, Sachsen und Mecklenburg; Hohberg auf Osterreich. Das Werk des Florinus dagegen, den man nach der wittelsbachischen Abstammung des Herausgebers nach Bayern lokalisieren könnte, stellt geradezu den Höhepunkt jener barocken Uppigkeit dar, die Schröder-Lembke beklagt: "Die weitere Entwicklung der deutschen Landwirtschaftsliteratur ist nicht auf dem Wege sachlicher Beschränkung und nüchterner Rationalität weitergeschritten, den Grosser und Thumbshirn eingeschlagen hatten". Mit dem COMPENDIUM dagegen liegt eine Schrift vor, die ein Beispiel jener geforderten "sachlichen Beschränkung und nüchternen Rationalität" aus dem bisher in dieser Richtung und in dieser Zeit unerschlossenen Oberbayern liefert. Das COMPENDIUM steht also nicht nur in einer zeitlichen, sachlichen, sondern auch landschaftlichen Lücke. Es entspricht damit dem "Typus der Wirtschaftsinstruktion", den auch Brunner als notwendiges Gegenstück zu den grossen Werken der Hausväterliteratur, wie den GEORGICA CURIOSA des von ihm so faszinierend dargestellten Wolf Helmhard von Hohberg hervorgehoben hat (4). Während Hohberg Normen aufstellt, besitzen wir im COMPENDIUM die Wirklichkeit der "Oekonomie" eines geistlichen Stiftes im südlichen Deutschland. Auch insofern bietet das COMPENDIUM eine wünschenswerte Ergänzung zu den oben genannten Hausväterbüchern und Wirtschaftsinstruktionen. Denn diese letzteren beziehen sich fast durchwegs auf weltliche Oekonomien oder gar die Herrschaften des Landadels. Es ist aber daran zu erinnern, dass ein Grossteil der grundherrlichen Bauern zur Zeit der Abfassung des COMPENDIUMS in den katholischen Ländern des deutschen Südens unter geistlichen Herrschaften lebte. In Bayern war es bis zur Säkularisation 1803 rund die Hälfte (5). Die wirklichkeitsnahe Schilderung der Oekonomie eines geistlichen Stiftes ist also annähernd typisch für rund die Hälfte grundherrlicher bayerischer Bauern, zum Unterschied von dem restlichen Fünftel in landesherrlichem und dem weiteren Drittel in adeligem Obereigentum.

b) Zur Person des Verfassers

Der Verfasser nennt sich in der Handschrift nirgends mit Namen. Wohl aber spricht er seine Funktion an verschiedenen Stellen (z.B. S. 19, 28, 31-32, 59) so deutlich an, dass er sich als Ausübenden dieser Funktion bekennt: es ist die des Prokurators des Stifts. In der Hierarchie des Stifts

---
(4) Otto Brunner, Adeliges Landleben und europäischer Geist, Leben und Werk Wolf Helmhards von Hohberg 1612-1688, 1949 (S. 272, 286).
(5) Nach den Erhebungen von Joseph Hazzi 1801-1808: 45, 7% (zuletzt nach Friedrich Lütge, Die bayerische Grundherrschaft, 1949, "Die Kirche als Grundherr". S. 33 f.).

stand als "erste Dignität" der Probst, als zweite der Dechant oder Dekan. Der Prokurator, stets an dritter Stelle genannt, war für die Führung der gesamten wirtschaftlichen Angelegenheiten des Stifts verantwortlich. In diesen Dingen unterstand er direkt dem Probst, wie er an einer Stelle betont: "Wann ein Procurator, deme die hauptsächlich Disposition und Direction obliegt, mit Vorwissen oder aus Befehl des Herrn Prälaten (handelt)" ... Ihm unterstanden in diesen Dingen u. a. der Kellerer, der Kastner, der Holzherr, der Bräumeister. Das COMPENDIUM umfasst die Jahre 1622 bis 1642. Prokurator war in dieser Zeit nach dem "Necrologium Diessense"(6) "Wilhelmus Raittorner, Nobilis de Regen, Präsbiter, et Prokurator noster fidelissimus, sepultus ad Januam Sacristiae". Er starb nach dem Necrologium am 9. Januar 1643, also kurz nach der Beendigung der Niederschrift des COMPENDIUM. Dieser Prokurator Raittorner ist zweifellos der Verfasser der Handschrift. Die Charakteristik seiner Herkunft als eines Adeligen aus Regen im Bayerischen Wald führt weiter.

Die Familie Reittorner (hier mit ei) erscheint schon in dem berühmten Bayerischen Stammbuch des Dr. Wiguleus Hundt (7) als seit 1377 bekannt. Die Reittorner trugen seit 1457 Sitz, Tafern und Hofmark Schöllnach als bayerisches Lehen. Dazu waren sie schon zwei Generationen vor unserem Autor herzogliche Beamte. Als Vater Wilhelm Reittorners ist - dem Alter entsprechend - Hans Georg Reutorner von Schöllnach anzunehmen (8), Landrichter zu Regen (wo Wilhelm nach dem Necrologium Diessense geboren ist), dann 1618 Pflegsverwalter und 1621 bis 1636 Pfleger in Hengersberg. Dessen Vater, Wilhelms Grossvater, war Paul Reutorner von Schöllnach, Pflegsverwalter in Hengersberg und Vilshofen. Die Frauen dieser vorhergegangenen Generationen waren: Seine Mutter, eine Thanner von Thann (begraben in Passau im Domkreuzgang); seine eine Grossmutter, eine Tattenbach zu Echsing, seine andere eine Barth von Harmating - alles Namen, die als solche von Beamten beim Aufbau des bayerischen Territorialstaates seit dem 16. Jahrhundert eine grosse Rolle gespielt hatten. Ferchl, auf den hier verwiesen werden kann (9), nennt insgesamt von den Reittorner acht männliche Namensträger als bayerische Beamte; von den Thanner fünfzehn; von den Tattenbach zwölf; von den Barth achtzehn. Der Vater des Autors, der herzogliche Pfleger und Kastner, auch Hauptmann zu Hengersberg, wird zugleich als Herr auf Hohenwarth, Wetterszell, Heutzelsberg, Leitzendorf, Loizenried und Mildach genannt. Wie bei den genannten Familien aus der näheren Aszendenz, den Thanner, Tattenbach und Barth, traf eigener Besitz mit dem Besitz herzoglicher Lehen und dem

---

(6) P. Rasso Manhardt, Necrologium Diessense (Pfarrarchiv Diessen).
(7) Wiguleus Hundt, Bayrisch Stammen Buech, Der Dritte Thaill (Handschrift im Besitz des Verfassers).
(8) Mitt. von Adolf Roth, unter Verwendung von Angaben von Fr. W. Euler, 1960.
(9) Georg Ferchl, Bayerische Behörden und Beamte 1550-1804, 1908.

Staatsdienst zusammen (10). Diese Familien verkörperten also den Aufbau des Herzogtums im wahrsten Sinne des Wortes. Sie sind alle inzwischen im Mannesstamm ausgestorben oder eben (in dieser Generation) im Verblühen.

Durch diesen Hintergrund unterscheidet sich Reittorner also erheblich etwa von Hohberg, Coler, Grosser, während er mit Heresbach oder Thumbshirn vergleichbar ist. Er stammte zweifellos aus der von Brunner geschilderten "adelig-ständischen Welt" (11), die jedoch in seinem Fall durch den generationenlangen Dienst im Herzogtum der Wittelsbacher streng diszipliniert worden war. Dies galt ganz besonders für den Staat jenes Fürsten, unter dessen Herrschaft Reittorner lebte und starb: Maximilian I. (reg. 1597-1651). Hinzu kam bei Reittorner die Erziehung im Dienst seines Ordens, und zwar während seiner Zugehörigkeit zum Diessener Stift unter einem, in der langen Reihe der Pröbste von 1114 bis 1803, hervorragenden Prälaten: Simon Werlin (auch Wörle), der von 1611 bis 1648 im Stift lebte. Der bedeutende Theologe und Pädagoge führte in Diessen eine Ordens-Reformation durch, deren neue endgültige Statuten mit Zustimmung des Augsburger Bischofs 1638 sanktioniert wurden; durch die er aber tatsächlich "das Augustinerkloster in ein Kartäuserkloster verwandelte" (12). Wenn Reittorner in seiner Vorrede davon spricht, dass "bei hiesigem Gotshauss in etlichen dessen oeconomiam betreffenden Sachen, alberait Anno 1622 ein zimblich starkhe reformation furgenommen", so entspricht diese "reformation" auf dem Gebiet der von ihm verantworteten Verwaltung der Temporalien durchaus der Reform des Ordenslebens durch den Probst. Wenn der Probst Reittorner nach dessen Tod das Prädikat "noster fidelissimus" zubilligte, dann lässt dies auf eine weitgehende Übereinstimmung in den Grundideen der Führung des Stifts in geistlichen und weltlichen Dingen schliessen.

c) Die Handschrift

Das COMPENDIUM umfasst in der Originalhandschrift 374 Seiten im Format 15 x 19,5 cm, die von der ersten bis zur letzten Seite im gleichmässigen, gut lesbaren ductus einer kultivierten Handschrift beschrieben sind. Zum Inhalt soll hier nur soviel vorweggenommen werden, dass es sich durchwegs um die "demonstrationes und observationes" aus der eigenen Erfahrung Reittorners handelt, niemals um die Wiedergabe von Ex-

---

(10) Umfangreiches Material über die Familie Reittorner, im besonderen über Käufe und Verkäufe, Streitigkeiten um Jurisdiktion und andere (u. a. Bräu-) Gerechtigkeiten ist im Bayerischen Staatsarchiv Landshut erhalten (Mitt. 650/H. 302 vom 17. 4. 1972) und wäre auch aus den Gerichtsurkunden von Kötzting, Deggendorf und Regen zu gewinnen. Der soziale Hintergrund der Persönlichkeit Wilhelm Reittorners ist daraus ersichtlich.

(11) a. a. O. (Anm. 4). S. 309.

(12) Jos. Anton Hugo, Chronik des Marktes und der Pfarrei Diessen, nebst Kurzgefasster Geschichte des ehemaligen regulierten Chorherrenstiftes Diessen, 1901.

zerpten aus der Hausväterliteratur seiner Zeit. Nur in einem einzign Fall (S. 24) bezieht er sich in einer juristischen Frage auf andere Autoritäten.

Das Manuskript wendet sich weder an die Öffentlichkeit, noch an irgendwelche "vorgesetzten Stellen", seien es solche des eigenen Ordens oder des Herzogtums, seit 1623 Kurfürstentums. Wie in der Vorrede an zwei Stellen betont, soll das COMPENDIUM "treulich und wohlmainendt, doch seinen hochgeehrten und geliebten Herrn Superioribus und nachkomenden Procuratoribus unfirgriffen" dienen und "letstlich der lieben posteritet zu guetem" sein. Es ist also ausschliesslich für den inneren Dienstgebrauch des Stifts (um einen modernen zutreffenden Ausdruck zu gebrauchen) bestimmt gewesen. Im besonderen soll es nicht etwa die Schäden des Stifts im Dreissigjährigen Krieg dokumentieren oder beklagen, sondern zeigen, wie seine Oekonomie vor den Ereignissen von 1632-1635 geführt wurde, und wie dann versucht wurde, mit deren Folgen fertig zu werden.

Als eines der Hauptkennzeichen des COMPENDIUMS erscheint also seine Ehrlichkeit, aus der sich auch die von Reittorner in der internen Stiftspolitik verfolgten Tendenzen klar erkennen lassen. Hierher gehört die deutliche Verteidigung der Eigenwirtschaft des Stifts, des eigenen "Mair- und Schwaigwesens", offenbar gegen andersgerichtete Bestrebungen im Stift. Aber gerade dieser positiven Bewertung einer Eigenwirtschaft verdanken wir Heutigen viele Bemerkungen Reittorners zu dem, was wir "Betriebswirtschaft" nennen. Abel hat im besonderen die Frage aufgeworfen, ob die grundherrlichen Gebilde dieser Zeit "schon die Merkmale aufweisen, die sich heute bei einem Betrieb versammelt finden", d. h. die technisch-organisatorische Zusammenfassung von Boden, Arbeit und Kapital (13). Was Reittorner in diesem Zusammenhang mehr andeutet als ausführt, legt eine positive Antwort auf diese Frage nahe.

Die Sprache Reittorners ist ein kräftiges, bairisches Deutsch. Er benutzt vielfach alte, in der Hochsprache vergessene Ausdrücke, die zum Teil im Dialekt noch heute benutzt werden, zum Teil ausgestorben sind. Eine Bauernstute ist ihm eine Bauerngurre; die Waldweide der Techl; das Pflügen heisst manchmal noch ärdnen; ein Schäffel ist eine Prenten; ein Gespann eine Mehnung. Manche Fachausdrücke sind typisch und wohlbekannt: Die Dienstboten heissen Ehehalten; die Fronarbeit Scharwerk; die Weide Pluembesuch; das hölzerne Wasserleitungsrohr Deichl; und endlich die starke Sense zum Ausmähen von verwachsenem Grasland eine Raumsegen. Alle solchen Ausdrücke sind im folgenden Text beibehalten, aber im Glossar erklärt.

Die Schreibung entspricht der Aussprache des bairischen Dialekts, die damals durchwegs härter und dunkler war, als die spätere Abschleifung ergeben hat. Im besonderen werden die "harten gutturalen und die dunklen O- und Ö-Laute des Südbairischen" (nach Hubensteiner) (14) getreulich wiedergegeben. So ist bei Reittorner der Hirt selbstverständlich ein Hürt, und sein "thuen" ist das hüeten. Die Metze (das Mass) ist eine Mözen; die Kälber sind Khölber; die Ecke ein Öckh, die Stücke sind Stuckh; stark ist starckh, aufmerksam aufmörcksamb. Diese Schreibung ist keine Manier,

---

(13) a. a. O., Anm. 2, S. 189
(14) Benno Hubensteiner, Land vor den Bergen, 1970.

sondern der Versuch, die Mundart exakt wiederzugeben, wie sie etwa im benachbarten Tirol heute noch beheimatet ist. R e i t t o r n e r wird selbst so gesprochen haben. Doch ist der leichteren Lesbarkeit halber die Schreibung R e i t t o r n e r s nach den dafür geltenden Regeln vereinfacht worden.

Es ist anzunehmen, dass das COMPENDIUM bis zur Säkularisation des Stifts 1803 bei seiner "Schreiberey" verblieb, wie sie R e i t t o r n e r beschrieb. Anderthalb Jahrhunderte später tauchte es im Münchner Antiquariat wieder auf. Wo es in der Zwischenzeit verblieben war, ist unbekannt.

2. Das Augustinerchorherrenstift Diessen (P. Fried)

a) Allgemeine Geschichte

Das an der Südwestecke des Ammersees auf beherrschender Anhöhe gelegene ehemalige Augustinerchorherrenstift Diessen verdankt seine Gründung dem mächtigen mittelalterlichen Hochadelsgeschlecht der Grafen von Diessen, die sich später auch nach Andechs und Wolfratshausen nannten und als Herzöge von Meranien, Dalmatien und Kroatien im 13. Jahrhundert zu europäischer Geltung aufstiegen (1). Die Gründungsgeschichte des andechsischen Haus- und Familienklosters, die im Halbdunkel geschichtlicher Legende eingehüllt ist, hat zuletzt im Rahmen einer Edition der früheren Klosterurkunden eine eingehende Erforschung erfahren (2). Darnach veranlassten in den zwanziger Jahren des 12. Jahrhunderts, vielleicht 1223, die Grafen O t t o und B e r t h o l d v o n D i e s s e n die Verlegung eines vermutlich 1114 bei der Kirche des nahen St. Georgen gegründeten Konvents an das gräfliche Gotteshaus St. Stephan in Diessen, da dieser Ort den Religiosen als vorteilhafter erschien. Den religiösen Anschauungen der Zeit folgend, wie auch den politischen Verfassungsverhältnissen Rechnung tragend, übereigneten die Gründer das neue Kloster dem Heiligen Stuhl, der 1132 es unter seinen besonderen apostolischen Schutz nahm und ihm seine Rechte bestätigte (3). Die Andechser Grafen entzogen damit ihre Klostergründung von Anfang an dem Eingriff des Reiches und des bayerischen Herzogs; der formelle Verzicht der Gründer auf die den Klöstern verhasste Vogtei änderte nichts an der Tatsache, dass diese die obersten Schirmer und des-

---

(1) Die wichtigste Literatur (einschliesslich Quellen) zur Klostergeschichte ist bei N. B a c k m u n d , Die Chorherrenorden und ihre Stifte in Bayern, Passau 1967, 71 ff. verzeichnet. Literatur zur Geschichte der Grafen von Diessen-Andechs wie zu den frühen Verfassungsverhältnissen siehe P. F r i e d / S. H i e r e t h , Historischer Atlas von Bayern, Landgerichte Landsberg und Schongau (1971); und P. F r i e d Siedlungs- und Herrschaftsgeschichte Diessen (Heimatbuch Landsberg) 1966, 416.
(2) W. S c h l ö g l , Die Traditionen und Urkunden des Stiftes Diessen 1114 bis 1362 (Quellen und Erörterungen zur bayerischen Geschichte, Neue Folge XXII). Erster Teil 1967; zweiter Teil (Urbare und Register) 1970.
(3) S c h l ö g l , Traditionen u. Urkunden Diessen 102 ff. (Urk. Nr. 2).

wegen auch Herren des Klosters blieben. Gründung und frühe Geschichte des Klosters zu Diessen stehen also in engstem Zusammenhang mit der Geschichte des im gleichen Orte ansässigen und seit der Mitte des 11. Jahrhunderts nach Diessen sich nennenden Grafengeschlechts (4). Man hat schon des öfteren versucht, die Ahnenreihe der Diessener Grafen bis ins frühe Mittelalter zurück zu erforschen; die einen halten sie für Nachkommen der Huosi, die bis zum 9. Jahrhundert als Herren im Lande zwischen Lech und Isar, im "Huosigau" sassen, während andere in Herzog Luitpold von Bayern, der zu Beginn des 10. Jahrhunderts lebte, ihren Ahnherrn sehen. Der legendären Klosterüberlieferung, wonach Graf Rasso, der im 10. Jahrhundert das nach ihm benannte Klösterlein Grafrath begründet haben soll - wo er auch bestattet ist - ein Vorfahre der Diessener Grafen gewesen sein soll, wohnt sicherlich ein historischer Kern inne, ebenso wie jener anderen Klostertradition, dass längst vor der Gründung des Klosterkonvents im beginnenden 12. Jahrhundert am Sitz der Grafen von Diessen ein Mönchskonvent bestanden habe. Neueren Forschungsansichten zufolge ist die Wahrscheinlichkeit nicht von der Hand zu weisen, dass Diessen im frühen Mittelalter nicht nur Königshof, sondern sogar Pfalzort, wenn auch minderen Grades, gewesen sein könnte (5). Eine Kontinuität zur Römerzeit ist zwar nicht zu beweisen, doch lässt die Lage Diessens in der Nähe des Schnittpunktes zweier Römerstrassen (bei Raisting) eine solche nicht unwahrscheinlich erscheinen. Verbindungen dürften vor allem in frühmittelalterlicher Zeit zur nicht weit entfernten Königs- und Bischofsstadt Augsburg bestanden haben, wenngleich wegen des Verlustes der älteren Augsburger Überlieferung nichts Konkretes auszusagen ist (6). In diesem Zusammenhang ist vor allem die Rolle der Welfen zu erwähnen, die noch vor den Grafen von Diessen als Grundherren am östlichen Lechrain wie auch seit dem 10. Jahrhundert in Auseinandersetzung mit den Augsburger Bischöfen erscheinen, von denen sie vielleicht mit Kirchenlehen, das ehemaliges Fiskalgut war, begabt waren (7). Schliesslich ist der bayerische

---

(4) E. Frhr. v. Oefele, Geschichte der Grafen von Andechs. Innsbruck 1867; F. Tyroller, Die ältere Genealogie der Andechser (Beilage zum Jahresbericht des Wittelsbacher Gymnasiums in München für 1951/52); K. Bosl, Das Haus Andechs-Meranien, seine bayerischen, deutschen und europäischen Beziehungen (Festschrift des Meranier-Gymnasiums Lichtenfels 1963); E. Frhr. v. Oefele, Zur Geschichte des Hausengaues (Oberbayer. Archiv 32), 1873, 1-12.

(5) Vgl. P. Fried, Adelige Herrschaft und früher Territorialstaat. Zur Geschichte der Herrschaften Peissenberg und Rauhenlechsberg (Festgabe K. Bosl zum 60. Geburtstag). München 1968, 51-86.

(6) Vgl. F. Zoepfl u. W. Volkert, Regesten der Bischöfe und des Domkapitels von Augsburg (Veröffentlichung der Schwäbischen Forschungsgemeinschaft II b, 1) 1955 bzw. 1964.

(7) Grundlegend: J. Fleckenstein, Über die Herkunft der Welfen und ihre Anfänge in Süddeutschland (Studien und Vorarbeiten zur Geschichte des grossfränkischen und frühdeutschen Adels, hg. v. G. Tellenbach) 1957, 71-136; Fried/Hiereth, Landgerichte Landsberg und Schongau 19 f. und 28 f.

Herzog nicht zu vergessen, der in Zeiten starker Herzogsgewalt wie unter T a s s i l o III., dem legendären Mitbegründer des benachbarten Klosters Wessobrunn, und dann seit dem 10. Jahrhundert die Lechlinie als alte Grenze des bayerischen Stammesherzogtums behauptete (8).

Wie die Verhältnisse in diesen frühen Zeiten im einzelnen auch gewesen sein mögen: die entscheidenden Weichen für den Aufstieg der Grafen von Diessen sind im Investiturstreit gestellt worden. Wurde den Welfen ihre Rebellion gegen K a i s e r H e i n r i c h IV. zeitweilig zum Verhängnis - 1078 verloren sie z. B. den lechrainischen Königshof Mering - so schuf die Parteinahme des damaligen Diessener G r a f e n A r n o l d für Kaiser und Reich - in einer Quelle wird er als "nobilissimus bellator Domini Imperatoris" gerühmt - die Grundlagen für die hochmittelalterliche Machtentfaltung dieses Geschlechts im Raum zwischen Lech und Isar. Den Scheyern-Wittelsbachischen Grafen weit voraus an Rang und Macht sind die Grafen von Diessen im 12. und 13. Jahrhundert daran, ihr Herrschaftsgebiet, das sich im westlichen Bayern vom Lech-Isarland ins Tirol und das Oberinntal fortsetzte, zu einer eigenen Landesherrschaft auszubauen und sie der Unterstellung unter das bayerische Herzogtum zu entziehen. Zum Hauptort der Herrschaftsprovinz wurde dabei ganz natürlich die alte "principalis curia", der Herrenhof des Geschlechts zu Diessen. Seiner Bedeutung als Herrschafts-, Gerichts- und Verwaltungsmittelpunkt entsprechend entwickelte sich der Ort zu einem Markt, dem sehr wahrscheinlich von H e r z o g O t t o v o n A n d e c h s - M e r a n i e n (+ 1234) Stadtrechte verliehen wurden (9). Vorher schon, nicht lange nach der Klostergründung oder vielleicht gleichzeitig damit war die alte Grafenburg, die auf einem beherrschenden Höhenzug bei Diessen bzw. St. Georgen lag, von dem Geschlecht aufgegeben worden; die Diessener Linie siedelte auf die hoch über dem Ammersee bei Herrsching neu erbaute bzw. neu befestigte Burg Andechs über, während eine andere schon vorher auf der Burg Wolfratshausen ansässig geworden war. Wie bei anderen Geschlechtern splitterten damit die Anteile am Besitz der Ganerbenburg in mehrere Hände auf; es lag nahe, ihn wieder in der Institution des neugegründeten Haus- und Familienklosters zu vereinen, das als gräfliche Grablege neben durchaus religiösen Motiven auch so etwas wie zu einem Statussymbol hochfürstlichen Traditions- und Standesbewusstseins geworden war. Die "principalis curia" zu Diessen, die an die Wolfratshauser Grafen gekommen war, schenkte der letzte seiner Linie, G r a f H e i n r i c h 1140/45 der Klosterstiftung zu Diessen (10), und 1158, kurz vor seinem Ableben, übereignete er seinen gesamten Herrschaftsbesitz zu Diessen dorthin: Äcker, Leibeigene, Fischrechte im Ammersee, einen Wald in der Ausdehnung von Diessen bis nahe zum Peissenberg, das Jagdrecht auf wilde Tiere, Hirsche, Biber und Fischottern in der Ammer und in der Rott (11). Damit war die Grundlage zur Eigenwirtschaft des jungen Augustinerkonvents gelegt, die sehr wahrscheinlich in der Übernahme des gräflichen Hofbauwesens bestanden hat. G r a f H e i n -

---

(8) F r i e d / H i e r e t h , Landgerichte Landsberg und Schongau 16 ff.
(9) S c h l ö g l , Urk. Diessen Nr. 19.
(10) S c h l ö g l , Trad. u. Urk. Diessen 11 (Trad. Nr. 7).
(11) Ebenda 28 (Trad. Nr. 21).

rich rundete die Schenkung noch dadurch ab, dass er die bei Diessen
gelegene alte Grafenburg "Schonenberch", einen Berg namens "Iringisperch"
und die benachbarten, bis Wengen sich hinziehenden Höhen dem Kloster
unter der Bedingung vermachte, dass nach der Zerstörung der Burg im
gesamten Gelände keine Burg mehr errichtet werden dürfe. Wie die späteren Verhältnisse bei der Stadtgründung von Diessen erkennen lassen, verblieb der beerbten andechsischen Linie noch genügend Besitz und Rechte
im Orte, so dass Diessen zu Beginn des 13. Jahrhunderts zum Sitz des
Landrichters und anderer Beamter wurde und so zur Hauptstadt des andechsischen Territoriums aufsteigen konnte. Wie sich das Nebeneinander
von Provinzverwaltung, Kloster und Bürgerschaft in der ersten Hälfte des
13. Jahrhunderts gestaltete, verrät der Inhalt einer Urkunde vom Jahre 1231,
womit vermutlich aufgetretene Spannungen rechtlich bereinigt wurden (12).
Herzog Otto von Andechs-Meranien bestimmte, dass das Kloster zum Schutz und zur Befestigung der (neuen) Stadt dem jeweiligen herzoglichen Richter und Verwalter seine Unterstützung mit Leuten und Zugtieren zu leisten, im Grunde also zu scharwerken hatte. Als Ausgleich erhielt das Kloster immerhin die Hälfte von allen herzoglichen Herrschaftsrechten in der Stadt, von den Abgaben und Steuern der Bäcker und Kaufleute, von den Bussen bei Verstössen gegen Mass und Gewicht, sei es bei
der Abwaage des Getreides oder beim Abfüllen des Weines oder beim Vermessen der Hofstätten, ferner die Hälfte von den Abgaben beim Verkauf
bzw. Handel von Mobiliar, bei sonstigen Unrechtmässigkeiten, insgesamt
von allen Zwangsabgaben, die von den herzoglichen Beamten und Prokuratoren in Diessen eingetrieben wurden. Ausgenommen davon blieben die
Zölle und die Sühnung der Bluttaten, die nur dem Herzog bzw. seinen Beamten vorbehalten sind. Immerhin erhielt der Propst des Augustinerchorherrenstiftes das Recht zugestanden, die Einbürgerung von Angehörigen
der klösterlichen Familia nur von seiner Einwilligung abhängig zu machen;
bereits in der Stadt ansässige Leibeigene sollen ein etwaiges vom Kloster
erhaltenes Lehen verlieren, wenn sie sich frevelhaft oder heimlich dem
Frondienst entziehen oder den Anordnungen des Klosters zuwiderhandeln.
Ausdrücklich wird dem Kloster verbürgt, die Frondienste der klösterlichen Leibeigenen bei der Heueinfuhr und bei der Ernte nach alter Gewohnheit weiter in vollem Umfang beanspruchen zu können. Das Kloster versuchte also um 1230 durch herzogliche Privilegien der offenbar häufig vorkommenden "Landflucht" seiner Leibeigenen in die neu gegründete Stadt
Diessen entgegenzuwirken, um den Betrieb der Eigenwirtschaft aufrechterhalten zu können. Die Auflage, mit den gesamten leibeigenen Leuten auf
Befehl der herzoglichen Beamten zum Schutz und zur Befestigung der Stadt
zu scharwerken, war allerdings eine drückende Belastung, die nicht im
Interesse der klösterlichen Eigenwirtschaft gelegen haben konnte. Sie scheint
sich durch den Gang der politischen Verhältnisse im Raum zwischen Lech
und Ammersee bald von selbst wieder verloren zu haben. Nach dem Tod
des letzten Herzogs von Meranien 1248 ging nämlich nach jahrelangen Fehden der gesamte Herrschaftsbesitz der Andechser zu Diessen an den Wit-

---

(12) Ebenda Urk. Nr. 19 - Zur Geschichte des Marktes Diessen siehe A.
Hugo, Chronik von Diessen, 1904.

telsbacher Herzog Otto II. von Bayern über. Die Stadt Diessen hörte damals auf, Gerichts- und Verwaltungsmittelpunkt des Lech-Isarlandes zu sein; statt dessen wurden Pähl und Landsberg die neuen zentralen Orte der wittelsbachischen Gerichtsorganisation (13). Die Stadt Diessen fiel damit auf die Stufe eines kleinen Landmarktes zurück, in dem nur mehr ein wittelsbachischer Marktrichter amtierte. Das Kloster selbst erreichte immerhin bereits 1258 von seinem neuen Landesherrn eine Bestätigung seiner alten Privilegien (14). Wie sehr der Markt Diessen in seiner Geltung bis gegen Ende des 13. Jahrhunderts gesunken war, geht aus der Tatsache hervor, dass 1302 die Witwe Herzog Ludwigs des Strengen, die Pfalzgräfin Mechthild dem Kloster alle Gerichts- und Herrschaftsrechte im Markt und in der Pfarrei Diessen, die ihr als Morgengabe zugesprochen worden waren, als Geschenk überliess (15). Nur der entschieden wittelsbachischen Haltung der Diessener Bürger in der Fehde des späteren Kaisers Ludwig des Bayern mit den Habsburgern Leopold und Friedrich ist zu danken, dass der Kaiser auf inständiges Bitten hin die dem Kloster geschenkten Gerichtsrechte und Bussgelder zu Diessen 1326 wieder zurücklöste, wofür er allerdings dem Kloster als Kompensation sämtliche Bussgeldrechte im Diessener Pfarrsprengel mit Ausnahme derjenigen von Diessener Bürgern überlassen musste (16). Das Augustinerstift hatte zwar nicht erreicht, den Markt Diessen auf die Stufe eines mediaten Klostermarktes herabzudrücken, wie es deren viele im Land gab, aber es hatte doch darin Erfolg, den Diessener Pfarreisprengel, der mit demjenigen von St. Georgen identisch war, mit Ausnahme der Exemption des Diessener Marktes zu einem geschlossenen klösterlichen Niedergerichtsbezirk auszubauen, in dem Propst und Klosterrichter "um all Sach on was hintz dem Leib stet" richten und büssen konnten.

b) Die Entwicklung des Stifts bis zum Dreissigjährigen Krieg

Durch die geschilderten Ereignisse zu Beginn des 14. Jahrhunderts war für die kommenden Jahrhunderte entschieden, dass der Markt Diessen nicht dem Kloster unterstehen sollte. Klosterhofmark und landständischer Bannmarkt standen seit dieser Zeit unabhängig einander gegenüber, wenngleich im täglichen geistlichen wie wirtschaftlichen Leben viele Verbindungen bestanden. Nachdem das Kloster in der 2. Hälfte des 13. Jahrhunderts durch schlechte Wirtschaft in Verfall und Verschuldung geraten war, führte Propst Berhold, ein von der Herzogin Mathilde von Bayern eingesetzter Laie, 1300-1316 eine Reform durch (17). 1318 zerstörte ein

---

(13) Fried/Hiereth, Landgerichte Landsberg und Schongau 30 ff.;
  D. Albrecht, Die Gerichts- und Grundherrschaftsverhältnisse im Raum der ehem. Grafschaft Andechs vom 13. bis 19. Jh. (Diss. München 1951).
(14) Schlögl, Urk. nr. 35.
(15) Schlögl, Urk. nr. 63.
(16) Schlögl, Urk. nr. 104.
(17) Vgl. hierzu Backmund, Chorherrnorden 72.

Brand das gesamte Kloster. Die Indersdorfer Reform wurde im Jahre 1444 eingeführt, die zu einer über 100jährigen Blüte des Klosters führte. Mit Propst Simon Werlin (1611-1648) setzte ein neuer Aufstieg des Klosters ein, der dann bis zur Säkularisation anhielt. Propst Werlin berief im Jahre 1632 alle Pfarrer von den Stiftspfarreien (Oberwindach, Schmiechen, Hechendorf, Brunnen, Utting, Prittriching, Schondorf, Kaufering, Raisting, Frieding, Wessling, Hanfeld, Superiorat Grafrath) zurück ins Stift und bemühte sich, eine an die Karthäuser erinnernde Klosterzucht einzuführen, was jedoch mit seinem Tode 1648 wieder aufhörte. (Welche Rolle dabei Reittorner gespielt hat, geht aus der Literatur nicht hervor. Seine Anstrengungen auf dem Gebiet der Ökonomie sind jedoch sicheres Zeichen dafür, dass er die Reform mittrug.)

Der Kern der grundherrschaftlichen Ausstattung des Klosters geht, wie schon erwähnt, auf eine grosszügige Schenkung der Andechser Gründersippe zurück. Durch Schenkungen von Andechser Ministerialen wurde der Grundbesitz gleichfalls vermehrt. Ebenso setzten die Wittelsbacher Herzöge seit 1248 ihre Zuwendungen an das Kloster fort; als Stifter tritt weiter der in der Umgebung begüterte bayerische Landadel auf (18). Nach der ältesten vollständigen Besitzliste aus der Zeit zwischen 1362/63 war das Kloster begütert in Kärnten (Oberes Mölltal), in Bozen, in Tirol (Inntal) und in den bayerischen Alpen (Lkr. Garmisch-Partenkirchen (19). In der engeren Umgebung des Klosters war der grundherrschaftliche Besitz in ein Ober- und Unteramt eingeteilt (heutige Landkreise Weilheim, Landsberg, Friedberg, Fürstenfeldbruck). Die Güter jenseits (östlich) des Ammersees wurden in einem eigenen Amt verwaltet. Im Gebiet der Pfarrei Diessen besass das Kloster 1 Hof Haeder, 1 Hof Purch, zu St. Georgen den Hof des Werder, zu Wengen 2 Höfe und 1 Mühle, zu Bischofsried 1 Hof und 1 Schwaige, zu Weinperg 1 Gut, zu "Koppenperch" 1 Schwaige, zu Ried 1 Schwaige, zu Engenried 1 Schwaige, zu Romenthal 1 Hof, zu "Inderried" 1 Gut, zu Bierdorf 3 Höfe, zu Lachen 2 Höfe, zu "Pruel" 1 Fischlehen. Im engeren Bezirk um das Kloster hatte es eine grössere Anzahl von Grundstücken (Hofstätten) als Zinslehen an Diessener Bürger ausgegeben. Bereits in der zweiten Hälfte des 14. Jahrhunderts sind Schwaigen anzutreffen, die damals allerdings an Schwaiger verstiftet waren und nicht in Eigenregie betrieben wurden, wie aus den Käseabgaben zu ersehen ist. Der Gesamtumfang der Diessener Grundherrschaft war nach dem Urbar von 1362/63 beachtlich: in 415 Orten hatte das Kloster insgesamt über 800 Abgabeberechtigungen aus Höfen, Hufen, Gütern, Hofstätten, Mühlen, Kirchenlehen, Zehnten, Zinslehen usw. Massiert lag der Klosterbesitz im Unteramt und im Amt jenseits des Ammersees, wo vor allem grössere Bauerngüter dem Kloster eigneten. Über die weitere Entwicklung der Diessener Klostergutherrschaft bis zum 17./18. Jahrhundert liegen noch keine Studien vor, doch ist anzunehmen, dass sich der Gesamtumfang, wie er im Urbar von 1362/63 in Erscheinung tritt, nur unwesentlich verändert hat.

---

(18) Vgl. R. Hipper, Das ehem. Aug.-Chorherrenstift Diessen, seine Gründung und wirtschaftliche Entwicklung im Mittelalter (Lechisarland II) 1926 ff.

(19) Schlögl, Diessener Traditionen und Urbare Bd. II, 9 ff.

c) Die Kriegslage zur Zeit der Entstehung der Handschrift

In den Jahren vor 1632 machten sich die Auswirkungen des Dreissigjährigen Krieges für Kloster und Markt Diessen in erster Linie durch vermehrte Steuerbelastung und verstärkte Aushebung zu den Landfahnen bemerkbar (20). Nach der unglücklichen Schlacht bei Rain am Lech, in der der bayerische General Tilly tödlich verwundet wurde, lag jedoch ganz Bayern den Schweden ungeschützt vor den Füssen. Vor der drohenden Gefahr waren im April des Jahres 1632 sämtliche Klosterinsassen bis auf drei Religiosen nach Tirol geflüchtet. Nach der Einnahme Landsbergs standen am 20. Mai 1932 400 schwedische Reiter vor Diessen. Eine Delegation bat beim schwedischen Befehlshaber um Gnade für den Markt und seine Bewohner. Diese wurden gegen 1000 Gulden Brandschatzungsgeld auch zugesagt. Nach dem Einzug in den Markt nahmen die schwedischen Reiter sofort den Weg zum Kloster. Der Kommandant liess dort alle Vorratskammern versiegeln und requirierte für sich allerlei Wertgegenstände. Währenddessen begannen die schwedischen Soldaten mit der Plünderung des Stifts. Dabei wurden alle Türen, Truhen und Kästen aufgesprengt. Da sie nichts Wertvolles fanden - das Kloster hatte rechtzeitig alle kostbaren Gegenstände in Sicherheit gebracht - liess die Soldateska ihre Wut durch Zerschlagen von Fenstern und Öfen aus, drang in die Propsteikapelle ein und "feierte dort Orgien". Obwohl die Marktgemeinde noch zusätzlich Brandschatzungsgelder an neu zugezogene schwedische Truppen bezahlte, blieb sie dennoch nicht vor Raub und Mord verschont. Fast das gesamte Hornvieh des Klosters und der Marktbewohner wurde geraubt - es sollen an die 1200 Stück gewesen sein - und nach Landsberg getrieben. Als den Schweden durch Verrat bekannt wurde, dass sich viele Einwohner der Hofmark Diessen in die benachbarten Wälder geflüchtet hatten, veranstalteten sie am 21. Mai 1632 eine wahre Menschenjagd auf wehrlose Frauen und Greise. 20 Personen wurden dabei ermordet. Die Besetzung des Marktes dauerte nur bis zum Juli; jedoch gab es auch in den folgenden Monaten und in den Jahren 1633 und 1634 laufend feindliche Überfälle und Truppeneinquartierungen. Höhepunkt der schwedischen Grausamkeiten bildete die Folterung der zurückgebliebenen drei Patres, die in Bauernkleider verkleidet der Gemeinde beistanden. Durch einen unglücklichen Zufall erlangte ein schwedischer Reitertrupp Kenntnis von ihrer Anwesenheit. Um die Gemeinde vor Repressalien zu verschonen, stellten sie sich am 24.10.1932 den Schweden, die sie schlugen, folterten und mit dem Aufhängen bedrohten. Anschliessend drangen die Soldaten ins Kloster ein und entwendeten u. a. 120 Schäffel Getreide und das restliche Vieh.

Noch grausamer als die Schweden selbst wütete nach deren Abzug seit dem Herbst des Jahres 1634 die Pest. Bis zum Ende dieses Jahres wurden in Diessen 306 Menschen dahingerafft. Insgesamt erlagen der Seuche bis zum Jahre 1635 606 Personen, einschliesslich der durch die Schweden ums Leben Gekommenen. Nach der für die Kaiserlichen siegreichen Schlacht bei Nördlingen am 6. September 1634 stellten sich wieder ruhigere Zeiten

---

(20) Nach J. A. Hugo, Chronik des Marktes und der Pfarrei Diessen, Diessen 1901, Kapitel: Schicksale des Marktes und der Pfarrei zur Zeit des Schwedenkrieges, S. 49.

ein. Die Klosterangehörigen kehrten wieder zurück. Die Gunst der Witterung in den folgenden Jahren liess die Wunden, die der Krieg geschlagen hatte, schnell verheilen. Die beginnenden vierziger Jahre, in denen Reittorner sein Manuskript abfasste, standen wiederum im Zeichen der Furcht vor dem Einfall von Schweden und Franzosen, die über die bayerischen und kaiserlichen Heere meist erfolgreich waren. 1641 wurden neuerdings öffentlich Gebete angeordnet. Den neuerlichen Einfall am 4.11.1646 erlebte Reittorner allerdings nicht mehr.

3. Zur Landwirtschaft des Stifts 1622—1642 (H. Haushofer)

a) Natürliche Voraussetzungen

Im Rahmen der naturräumlichen Gliederung des Alpenvorlandes ist die Landschaft um Diessen als "Ammer-Loisach-Hügelland" ausgewiesen (1). Rathjens charakterisiert sie dort als "die eisgeformte Landschaft des jungdiluvialen Isarvorlandgletschers ... Den Teilströmen des Gletschers, der aus den Alpentoren der Ammer, der Loisach, des Kesselberges und des Tölzer Isartales gespeist wurde, entsprechen langgestreckte Zungenbecken", eines davon die Furche des Ammersees, an dessen Ufer Diessen liegt. Diese Furche ist von den Wallmoränen der letzten (Würm-) Eiszeit umkränzt (2). Allgemein ist die Landschaft bestimmt durch: die Zunahme der Seehöhe gegen das südliche Gebirge; dementsprechend durch die Zunahme der Niederschläge; durch die Abnahme der Jahresdurchschnittstemperatur; durch die Verkürzung der Vegetationszeit; durch die Zunahme der Reliefenergie der Ausformung der Landschaft; und durch eine entsprechende Abnahme der Bodenqualität. Nachdem Diessen am Südende des Kreises Landsberg am Lech liegt, gelten Durchschnittswerte dieses Kreises - der in seiner nördlichen Hälfte ein gutes Ackerbaugebiet aufweist - durchaus nicht für Diessen. Nur die Lage unmittelbar an der Fläche des Sees mildert das Klima des voralpinen Moränenlandes, was schon zu Beginn des 19. Jahrhunderts dem Statistiker und Agrarpolitiker Hazzi auffiel: "Da ist viel Sumpf und Kies, das Ganze wild, die Gegend des Sees von Diessen ausgenommen" (3). Doch handelt es sich bei dieser um einen schmalen Rodungsstreifen zwischen dem See und den nach wenigen hundert Metern ansteigenden Moränenwällen. Der Höhenunterschied zwischen dem Seespiegel (523m) und den unmittelbar hinter Diessen ansteigenden Höhen (dem Burgberg mit 638 m) beträgt rund 100 m. Diese Höhen bedeckte der Diessener Forst, in seinem nördlichen Teil als herzoglicher

(1) E. Meynen und J. Schmithüsen, Handbuch der naturräumlichen Gliederung Deutschlands, Bd. 1, 1953.
(2) Dr. Joseph Knauer, Geognostische Karte von Bayern, Teilblatt Landsberg, 1929.
(3) Staatsrath von Hazzi, Gekrönte Preisschrift über Güter-Arrondierung, mit einer statistischen Übersicht der Landwirtschaft von jedem Kreis des Königreichs Baiern, 1818 (S.147).

Forst erhalten, in seinem südlichen Teil Klosterforst geworden (4). Diese Forstbedeckung liess, auf Inseln besserer Böden, nur beschränkte Rodungssiedlungen zu.

Jedem Beobachter musste auffallen, dass die landwirtschaftliche Basis äusserst schmal war, und dies sowohl vom Gesichtspunkt der topographischen Erstreckung des kulturfähigen Landes, wie von der Bodenqualität her. Ein halbes Jahrhundert nach Reittorner stellte dies auch Michael Wening fest: "Die Fruchtbarkeit und Mänge dess Getraidts ist wegen engen Acker-Baus nit gross" (5). Hingegen hebt er, wie alle früheren und späteren Autoren, den Fischreichtum des Sees hervor, der eben in erster Linie von Diessen, als dem Hauptort der Ammersee-Fischerei und Sitz des Seegerichts bewirtschaftet wurde (6).

Die historische Darstellung der Entwicklung Diessens und des Stifts hat schon erkennen lassen, dass Gründung und Entwicklung von Burg, Stift und Markt nicht von ihrer Rolle als Mittelpunkte eines Gebietes intensiver landwirtschaftlicher Erzeugung erfolgte; sondern von ihrer Funktion in der Organisation der herrschaftlichen, verkehrsmässigen und geistig-religiösen Strukturen ihres Einzugsgebietes, d. h. also - soweit uns bekannt - der römischen Verwaltungseinheit, des Gaues und der Grafschaft, dann zuletzt des Stifts im wittelsbachischen Territorialstaat. Die Landwirtschaft "diente" in erster Linie der Selbstversorgung des Stifts und der von ihm abhängigen, ihm "dienenden" Bevölkerung. In einer Zeit, in der das Getreide noch eine Rolle als wichtigste Quelle der Ernährung, eben als "tägliches Brot", dann als Naturalentlöhnung für Dienste und umgekehrt als Naturalabgabe besass, kam dem Spielraum des Ackerbaues, oder mit den Worten Wenings seiner "Enge", eine viel grössere Bedeutung zu, als im Zeitraum späterer arbeitsteiliger Landwirtschaft, in dem die sog. Vergrünlandung im Alpenvorland einsetzen konnte (7). Das Stift war ebenso, wie die ganze bäuerliche Bevölkerung des später sogenannten südbayerischen Grünlandgürtels zwischen Salzach und Bodensee, gezwungen, ackerbaulich mit grosser Anstrengung gegen die natürlichen Voraussetzungen, d. h. gegen kurze Vegetationszeit, hohe Niederschläge, Moränenböden und die dementsprechende Graswüchsigkeit zu arbeiten. Wenn noch hinzukam, dass die glazial geformte Landschaft "in sich auf das vielfältigste untergegliedert und gekammert ist" (nach Rathjens), mit dem entsprechenden Wechsel der Bodenarten, dann liegt auf der Hand, dass diese Landschaft der Ausbildung eines irgendwie grossflächigen Ackerbaues nicht entgegenkam.

---

(4) P. Fried, Adelige Herrschaft und früher Territorialstaat, in: Gesellschaft und Herrschaft Festschrift für K. Bosl, 1969.

(5) Michael Wening, Beschreibung des Churfürsten- und Herzogtums Ober- und Niedern Bayrn, Erster Teil, 1701, S. 133.

(6) Das Fischereiwesen im Ammersee ist gut erschlossen durch Joseph Deml, Bayerische Fischerei-Regesten aus dem Ammergebiet (Archiv. Zschr., N. F. XIX, S. 221-278.

(7) Darüber grundsätzlich Christoph Borcherdt, Fruchtfolgesysteme und Marktorientierung als gestaltende Kräfte der Agrarlandschaft in Bayern, 1960 (etwa S. 114 f.).

Der Massstab, nach welchem im 17. Jahrhundert der Ertrag des Ackerbaues auch in Bayern allein gemessen wurde, war der sog. Samenertrag, also das Vielfache der Aussaat-Menge. Für das Landgericht Landsberg wurde noch Ende des 18. Jahrhunderts für die hauptsächlich angebauten Getreidearten ein Durchschnittswert von "5-6 Samen", für das südlich anschliessende Landgericht Weilheim der "3.-4. Samen" angegeben. Man vergleiche damit den Ertrag auf fruchtbaren Böden Niederbayerns von 8-10, ja 10-12 Samen, im Rottal sogar bis zum 15fachen. Diese Werte stimmen durchaus mit der Skala überein, die sich aus der umfangreichen Sammlung von Samenerträgen Slicher van Bath's aus ganz Europa (8) für das 17. Jahrhundert gewinnen lässt. Für Diessen ist ein Durchschnittswert an der Grenze zwischen den Landgerichten Landsberg und Weilheim, also mit einem 4-5fachen Samenertrag anzunehmen, wobei die Erträge in dem Eigenbetrieb des Stifts, dank einer über dem Durchschnitt liegenden Bewirtschaftung, etwas höher gelegen sein mögen. (Reittorner macht dazu leider keine konkreten Angaben). Wie wenig sich diese Erträge im Zeitalter der rein organischen Düngung steigern lassen, ergibt ein Vergleichswert aus einem, Diessen östlich des Ammersees direkt gegenüberliegenden, Betrieb auf dem gleichen Jungmoränengürtel kurz vor 1900: "Die Ernte ist so vom Hafer 3fach, vom Weizen mehr wie 4fach, fast 5fach, vom Roggen auch 4fach." (9)

Reittorner stammte aus dem Bayerischen Wald und er musste von den Besitzungen seiner eigenen Familie wissen, dass die Erträge dort jenen im südlichen Oberbayern fast gleich waren. Er war sich auch der besonderen Schwierigkeiten des Wirtschaftens in Diessen durchaus bewusst, wie aus einigen Stellen des COMPENDIUMS hervorgeht; so wenn er betont, dass "in dieser Landsgegend in den Traidtveldner dass blosse ackhern und eggen, gleich wie vleissig man damit umbgehe, nit erkläkhen wil" (S. 33); oder wenn er warnt, dass es "bey unssern Bayrischen bevorab in dieser Landts art gelegenen Closstern ... schmal hergehen und schlechtlich gehaust sein würdt", wenn man sich eben auf einen Wirtschaftsstil verliesse, der anderswo berechtigt sein könnte. Reittorner kannte sein Oberbayern nach zwanzigjährigem Wirtschaften "in dieser Landsart".

b) Wirtschaftliche und strukturelle Voraussetzungen - Der Diessener Hofmark

Wenn wir Chr. Frank, dann B. Schweizer und zuletzt P. Fried folgen, dann dürfen wir als Vorläufer des Maierhofes des Diessener Stifts einen römischen Gutshof, dann einen karolingischen Königshof, dann den Maierhof eines hochadelig-gräflichen Pfalzortes annehmen (10). Solche Höfe

---

(8) B. H. Slicher van Bath, Yield ratos, 1810-1820 (Department of Rural History, Agricultural University Wageningen, Bd. 10), 1963.

(9) Heinz Haushofer, Schimmel auf der Hart, Das Werden eines oberbayerischen Bauernhofs (Privatdruck), 1957.

(10) Bruno Schweizer, Die Flurnamen des südwestlichen Ammerseegebietes (Die Flurnamen Bayerns, Heft 5), 1957. - P. Fried, vgl. Anm. 4.

waren, vom Anfang unserer beurkundeten Kenntnis an, nach einem bestimmten Schema ausgelegt. Wir finden es in nächster Nachbarschaft zu Diessen, 30 km südlich, modellhaft vorgeführt im karolingischen Breviarium von Staffelsee (11). In diesem Inventar ist die Struktur der Siedlung deutlich erkennbar: auf der einen Seite der in kirchlichem Besitz befindliche Maierhof (curia et casa indominicata cum caeteris aedificiis); auf der anderen Seite die 23 vergebenen freien Bauernhöfe (mansi ingenuiles vestiti), die mit ihren Abgaben und Dienstleistungen aufgeführt werden, und weiter 19 dienstbare Mansen (mansi serviles vestiti), die man heute als "Landarbeiter- und Handwerkerstellen" bezeichnen könnte. Es ist mit Recht (von J. Becker-Dillingen) darauf verwiesen worden, dass es sich bei dem bis ins Einzelne gehenden Inventar "um wirklich vorgenommene Aufzeichnungen handelt, die im Vergleich mit anderen so vorzüglich ausgefallen waren, dass sie als Musterbeispiele dienen konnten" (12).

Von den überlieferten geschichtlichen Anfängen um 800 bis zum COMPENDIUM, also über rund acht Jahrhunderte, folgte die Entwicklung der Klostergüter dem vorhandenen Modell einer Kombination von grösserer Eigenwirtschaft mit dienstbaren Klein-, und wirtschaftlich unabhängigen bäuerlichen Familienbetrieben. Es kam also niemals zur Herausbildung einer reinen oder überwiegenden grossbetrieblichen Struktur - für welche die natürlichen Voraussetzungen des Pfaffenwinkels ebenso ungeeignet waren wie das Vorhandensein einer vom Herzogtum geschätzten und deshalb auch geschützten bäuerlichen Bevölkerung -, und auch nicht zur Auflösung der klösterlichen Eigenwirtschaft. Es bestand also ein "Mischungsverhältnis". In diesem Zusammenhang hat noch 1972 Eckart Schremmer beklagt, "dass gerade über die oekonomische und die organisatorische Seite dieser Herrschafts- und Wirtschaftseinheiten zu wenig bekannt ist" (13).

Er hat infolgedessen gefordert, dass die Untersuchungen über die südostdeutschen Hofmarken weiter vorangetrieben werden müssten, schon um die Frage beantworten zu können, wie die Hofmarken - und in unserem Fall eine klösterliche - die wirtschaftliche und soziale Entwicklung in Bayern beeinflusst haben könnten, ob hemmend oder entwickelnd. Die Antwort, die aus dem COMPENDIUM gegeben werden kann, darf freilich keine Allgemeingültigkeit für sich in Anspruch nehmen: teils, weil sie aus der Zeit des grossen Krieges gegeben werden müsste, teils, weil auch der in Diessen unter einem Reformprälaten und seinem kongenialen Prokurator herrschende Geist nicht als allgemein angenommen werden darf. Trotzdem verrät die Energie, mit der hier eine ganz bestimmte Lösung, allein schon des Verhältnisses von Eigenwirtschaft und Nutzung der Herrschaftsrechte verfochten und durchgesetzt wurde; und das Aufscheinen von "modern" anmutenden oekonomischen Betrachtungsweisen, dass das COMPENDIUM spä-

---

(11) Monumenta Boica: Monumenta Benedicto Burana (Bd. VII, S. 83).

(12) J. Becker-Dillingen, Quellen und Urkunden zur Geschichte des deutschen Bauern, 1935 (Abdruck m. Übersetzung), S. 559-561); Faksimile-Reproduktion in: Carlrichard Brühl, Capitulare de Villis, 1971.

(13) Eckhart Schremmer, Agrarverfassung und Wirtschaftsstruktur, Die südostdeutsche Hofmark - eine Wirtschaftsherrschaft? (ZAA, 1972/I, Jg. 20).

tere allgemeine Entwicklungen vorwegzunehmen versuchte. Auch darin mag sein Wert, über den dargestellten Einzelfall hinaus, liegen.

Dieser Grundstruktur eines "Mischungsverhältnisses" entspricht auch der Aufbau des COMPENDIUM, das in vier OBSERVATIONES gegliedert ist. Die erste OBSERVATION behandelt die vorhandenen geschriebenen Unterlagen der Klosteroekonomie, also seine Privilegien, Urbare und seine "Schreiberey", die vierte und letzte die "Fabria oder Gebeuen, Zimmer und Wohnungen". Der dazwischenliegende Hauptteil zerfällt in zwei deutlich geschiedene Sachgebiete: das Verhältnis des Stifts zu seinen Untertanen, d. h. also das Verhältnis von Herrschaft und Bauer; und die Eigenwirtschaft des Stifts. Beide zusammen ergeben die Oekonomie des Klosters.

Das COMPENDIUM ist keine Inventur des Besitzstandes des Stifts, sondern eine Anleitung zur Oekonomie. Wir finden hier also keine listenmässigen Verzeichnisse der zum Stift gehörigen Familien und ihrer Anwesen, wohl aber manche Aussagen über das innere Verhältnis zwischen Stift und Untertanen. Dieses Verhältnis stellt sich als ein traditionelles Geflecht von Rechten und Pflichten dar. Dabei stehen die bäuerlichen Besitzrechte im Vordergrund. Hier sind es hauptsächlich die Leibgeding und die Freistift (oder Herrengunst), und zwar die letztere in ihrer doppelten Ausprägung als "durchgehende und veranlaite Freistift", und als "unverleihte Freistift" - die Schreibungen wechseln. Hier kann auf die ausführlichen Definitionen dieser beiden Formen des Besitzrechtes bei L ü t g e (14) zurückgegriffen werden. Das Leibrecht endet zwar mit dem Tode des Leibrechters, der Besitz geht dann in der Regel an den Erben des Verstorbenen über, der dann als Einstandsgeld das "Leibgeld" zu zahlen hat, eine Mischung aus Kaufgeld und Besitzwechselabgabe. Laufend hat der Leibrechter "Stiften und Gülten" zu bezahlen und Scharwerksdienste zu leisten. Dafür war das Stift verpflichtet, in Katastrophenfällen nicht nur Nachlässe zu gewähren, sondern auch direkte Hilfe zu leisten. "Das Leibrecht ist eine spezifisch süddeutsche Rechtsbildung, die im übrigen Deutschland ganz oder fast fehlt" (L ü t g e). Das COMPENDIUM gibt uns in diesem Teil einen Einblick in eine wesentlich mit Leibrechtern aufgebaute Herrschaft.

Die zweite in Diessen vorherrschende Besitzform ist die Freistift, die rein rechtlich einer Zeitpacht ähnelt, in unserem Zeitraum aber praktisch zur Erbpacht wurde. Denn das Besitzrecht ging in der Regel ebenso auf die Erben über, wie beim Leibgeding, wenn nicht eine ausdrückliche Abstiftung erfolgte. Bei der veranleiteten Freistift zahlte der Erwerber des Hofes zum Einstand oder Einkauf die sog. Anleit, die im Fall der Kündigung durch die Herrschaft zurückgezahlt werden musste. Bei der unverleiteten Freistift entfiel eine solche kapitalmässige Beteiligung (oder Inanspruchnahme) des Bauern. Er hatte nur die jährliche Stift zu zahlen, konnte aber dafür von Jahr zu Jahr gekündigt werden. Sein Besitzrecht war also "schlechter" als das des "veranleiteten" Freistifters. Während - um einen Vergleichsmassstab mit dem Erbrecht zu setzen - die veranleitete Freistift als gleichwertig mit dem Erbrecht angesehen wurde, wird die unverleitete Freistift mit dem Leibrecht gleichgesetzt.

---

(14) F r i e d r i c h L ü t g e , Die bayerische Grundherrschaft, Untersuchungen über die Agrarverfassung Altbayerns im 16.-18. Jahrhundert. 1949 (hier bes.: Das geltende Besitzrecht S. 79 ff., und: Die Kirche als Grundherr, S. 33 f.).

Die jährlichen Abgaben (Stiften und Gülten) lagen bei Leibgedingen und bei der veranleiteten Freistift fest, d.h. sie konnten vom Kloster nicht willkürlich erhöht werden. Anders war es bei den unveranleiteten Freistiftern im Falle der Neuverstiftung. Auf alle Fälle der dann möglichen "Höcherung der Stüfft und Gilten" beziehen sich die Überlegungen R e i t t o r n e r s im Caput 7 (S. 21). Zum Recht des Abstiftens (norddeutsch: der Abmeierung) kam schon L ü t g e zu dem Schluss, dass - unabhängig von der rein rechtlichen Lage - "der Herr bei einem solchen Schritt (falls er nicht sachlich begründet war) doch wohl immer mit so viel Schwierigkeiten und Widerständen des Bauern rechnen musste, dass es sehr fraglich schien, ob sein rechtlich einwandfreier Anspruch verwirklicht werden konnte" (15). Die Feststellung L ü t g e s findet eine genaue Ergänzung in den Überlegungen R e i t t o r n e r s, in denen er - bei aller Wahrung der Rechte des Klosters - "nicht zu scharfe, sondern leidentliche und billige Mittel" empfiehlt, da "sonderlich die Kinder und nächsten Erben nicht leichtlich sich völlig und wirklich abstiften und aussetzen lassen, sondern (man) tue das Äusserste, damit sie beim Gut zu bleiben haben" - und das im beiderseitigen Interesse. L ü t g e hat als Konsequenz seiner Schilderung der "Kirche als Grundherr" (16) auch die Frage aufgeworfen, ob das alte Wort "unter dem Krummstab ist gut wohnen" auch für Bayern zuträfe. Wenn er zu dem Ergebnis kam, dass "die Lage der Kirchenbauern unmöglich ungünstiger gewesen sein kann, als die der landesherrlichen und adligen Bauern", ja, dass sie eher besser gewesen sei, so wird diese Feststellung durch das COMPENDIUM nicht nur an diesen, sondern auch anderen Stellen untermauert. Dazu gehört u.a. die Berücksichtigung möglicher Bedürfnisse der Untertanen, so etwa, wenn R e i t t o r n e r empfiehlt, im Falle von Getreideüberschüssen diese nicht zu verschleudern, sondern "dem Gottshauss und den Unterthanen zu guetten behalten" (S. 24). Hier finden wir die Verpflichtung ausgesprochen, "den Grundholden in Notzeiten auszuhelfen" (L ü t g e , a.a.O., S. 34).

Aus dem Eigeninteresse des Stifts, wie aus der Rücksicht auf die Lebensfähigkeit der Betriebe des Untertans stammt die bei R e i t t o r n e r an verschiedenen Stellen sichtbare Sorge um die Erhaltung der Geschlossenheit der Höfe (der "Güetter"). Veränderungen müssen "nicht allein dem Untertan, sondern auch dem Grundherrn zu gutem kommen" (S. 20). Im Hintergrund steht auch das Bestreben, die Höfe "allezeit ganz und unzergrenzt" zu erhalten, damit "die Traidtgülten von jedem Gutsbesitzer desto richtiger und gewisser eingedient und entrichtet werden mögen" (S. 21) Im Gegensatz zur Erhaltung der Geschlossenheit der eigentlichen Bauernhöfe steht die starke Mobilität der "kleinen Grundstücklein oder schlechten (= landlosen) Häusln", die oft "etliche mal in einem Jahr verändert werden" (S. 18).

---

(15) L ü t g e , a.a.O., S. 84. Der Unterschied der beiden Formen der Freistift ist sehr gut herausgearbeitet bei J o h a n n K a s p a r W e i x e r, De Jure Dominorum et Subditorum (Von Recht und Gerechtigkeit der Grundherren und Untertanen), München 1718.

(16) L ü t g e , a.a.O., S. 35.

Nicht nur aus der Rücksicht auf die Naturalabgaben in Getreide, sondern noch an vielen anderen Stellen wird die grosse Rolle einer "vergetreideten" Landwirtschaft sichtbar. Das Eindienen des Getreides in natura, oder des Ersatzes als "Traidtgeld", das Aufbewahren und Wiederabgeben des Getreides, zieht sich als Problem durch das ganze COMPENDIUM (z. B. S. 11, 14, 20, 21, 22-25, 33, 69, 74). Als Ziel der Ökonomie bezeichnet es Reittorner, "alles Speisgetreide und Futter für die Pferde doppelt und 2 Jahre" vorrätig zu haben (S. 69), und zwar aus dem Eigenbetrieb, so dass ein Grossteil des Dienstgetreides, wenn auch nicht alljährlich, verkauft werden könnte. Dieses Ziel scheint er vor dem grossen Schwedenzug 1632 annähernd erreicht gehabt zu haben. Die Getreideverkaufspolitik des Stifts hatte auf die Schwankungen des Markts im Hinblick auf den höchsten Nutzen der Verkäufe, aber auch auf die nötigen Reserven für den Untertan Rücksicht zu nehmen (S. 69).

Das COMPENDIUM gewährt einen guten Einblick in die Bodenpolitik des Stifts. Richtschnur ist für Reittorner, "die Güter namhaft zu verbessern" (S. 19), und zwar nicht nur die in Eigenbewirtschaftung des Klosters stehenden Höfe (Maierhöfe und Schwaigen), sondern auch die der Untertanen. Dazu gehört die Arrondierung durch Kauf, wie das Verhindern von Abtrennungen, sei es durch das Hinüberwechseln in "fremde Herrschaften" oder durch das Ausnehmen von Gründen bei den Hofübergaben (S. 20). Diese würden von den Erben, nach dem Tod des Austräglers, dann gern "als Eigen" verkauft. Reittorner rät also, den Austrag nur in Form von Geld, Wohnung und Naturalien zu bewilligen. Die eigenen Grundstücke der Untertanen (die "Aigenstuckh") sollen durch Briefe ausgewiesen und im Grundbuch verzeichnet sein.

Reittorner macht auch die Bedeutung des Stifts als Grundbuchamt deutlich: Konsense und Verwilligungen bei Schuldenaufnahmen und Verschreibungen von Gerechtigkeiten sollen protokolliert werden, und zwar nicht nur "ratione des Klosters Interesse", sondern auch was "anderer Gläubiger beim Gut habenden Schulden verantwortlich sein würde" (S. 12).

Reittorner ist ein beredter Advokat von Grundstückskäufen des Stifts. Man solle sie sogar auf Kredit vornehmen, wenn kein Kapital vorhanden. In letzter Zeit entgangene Käufe würden sich längst abbezahlt haben, besonders nach der Steigerung der Getreidepreise, und die erworbenen Güter wären "ewig beim Kloster geblieben" (S. 20).

Im Verhältnis des Stifts zu seinen Bauern spielen die Gutspröpste eine grosse Rolle (S. 17-18, 22). Die von Reittorner in seinem Caput VIII angestellten Erwägungen über die Auswahl der Gutspröpste in jedem der grundherrlichen Dörfer lassen ihre Mittelstellung deutlich erkennen. So ist es bemerkenswert, dass nicht "fürnembe Pauren" als Gutspröpste aufgestellt werden sollen, die Tag und Nacht mit ihrem Hauswesen zu schaffen haben, sondern "mittelmässige Söldner", die für diese - entlohnte - Aufgabe Zeit hätten (S. 22). Bei allen Veränderungen im bäuerlichen Besitz, im besonderen bei Neuverstiftungen, soll ein - man ist versucht zu sagen: öffentliches - Verfahren angewandt werden, wie es Reittorner S. 17-18 vorschlägt. Übernehmer und Übergeber oder Käufer und Verkäufer sollen zusammen mit dem Gutspropst, "wie auch ihren Beiständern und Unterhändlern" auf einem bestimmten Stiftstag in Diessen erscheinen. Hier erscheint also die, auch von anderen (auch adeligen) Herrschaften überlieferte Einrichtung des Stiftstages, die auch L ü t g e als Beispiel für die patriarchalischen Formen des grundherrlich-bäuerlichen Verhältnisses im kirchlichen Bereich anführt (17).

Wenn also im COMPENDIUM keine grundsätzliche Tendenz zur Verringerung oder Schmälerung der untertänigen Bauerngüter festzustellen ist, so ist doch auch hier die Frage von F r a n z zu beantworten, ob als Folge des Dreissigjährigen Krieges "mit dem adeligen Besitz auch vielfach Bauernland in die Hand der Kirche gelangt ist" (18). Auch in der Frage der Überwindung der Kriegsfolgen, also im besonderen Falle des Schwedenzuges 1632-1634, geht R e i t t o r n e r davon aus, dass "die Untertanen sich wiederum zu Haus (ein)richten und die Güter wieder völlig bemaiert werden" (S. 15). Dennoch kaufte das Stift während des Krieges drei Höfe. R e i t t o r n e r gibt in seiner Dritten Observation, Caput X, eine umfangreiche Begründung für den ersten dieser Käufe: dass dieser Hof früher schon eine Klosterschwaige gewesen sei, die einmal aus ihm unbekannten Gründen verkauft worden sei; und dass der Vorbesitzer "in den Kriegsläuften dermassen verdorben, dass er sich gedachten Hof gar nicht mehr angemasst" und um einen Schleuderpreis an einen "schlechten unbekannten Mann verkauft" habe (S. 42). Ähnlich wird auch der Kauf von zwei Bauernhöfen begründet, die zur Klosterschwaige Achselschwang gelegt wurden. Auch hier waren die Besitzer "in nächstvergangenen Kriegsläuften verdorben und gestorben", so dass die Erben an das Kloster verkauften (S. 45). Jedenfalls lassen diese drei Fälle keine Politik des Bauernlegens erkennen, die etwa zu Spannungen zwischen Herrschaft und Bauern Anlass gegeben hätte. (Viel grösser scheint im Stift die Neigung zur Vernachlässigung der Eigenwirtschaft gewesen zu sein, deren Abwehr wir bei R e i t t o r n e r in seiner Dritten Observation ständig begegnen.)

Als wesentlicher Grund für solche Spannungen erscheinen hier, wie überall in ganz Bayern, die bäuerlichen Scharwerke für den Grundherrn. Ausgangspunkt ist für R e i t t o r n e r , wie in allen gleichgelagerten Fällen, dass "des Klosters Äcker gutenteils mit der Scharwerk oder fremden Pflügen geackert werden", so dass sich eine sehr verschiedene Qualität der Pflugarbeit ergab. R e i t t o r n e r ist voll des Tadels über die "unnutzen und schlechten Ackerleut", dass sie "wie die Schwein in den Äckern umwühlen" (S. 32-33). Die Konsequenz liegt für ihn auf der Hand: "Wie bei einer jeglichen Hantierung und Gewerb" könne man auch in der Landwirtschaft nur "mit guten und taugsamben Ehehalten" arbeiten, die ihre Arbeit "mehr aus Lieb und guter Affection, als gedungener und gezwungener Weise verrichten werden" (S. 29 und 31). Der Prokurator wusste aber nur zu gut, dass zu solchen erwünschten Diestboten auch das entsprechende an "Kost und Lohn" gehöre (S. 31). Doch war auch einem Mann wie R e i t t o r n e r eine grundsätzliche Umstellung oder auch nur grössere Verschiebung der Arbeitsleistung von Scharwerks- zu Dienstbotenarbeit in der kurzen Zeit seines Wirkens und unter den Verhältnissen des Krieges nicht möglich.

---

(17) L ü t g e , a. a. O. , S. 33.
(18) G ü n t h e r F r a n z , Der Dreissigjährige Krieg und das deutsche Volk, Untersuchungen zur Bevölkerungs- und Agrargeschichte (Quellen und Forschungen zur Agrargeschichte, Bd. VII), 1961.

Charakteristisch sind seine zweimaligen Einschränkungen bei den Anforderungen an die erwünschten Ehehalten: "soviels sein kann und mag" (S. 31), die eher Stosseufzern gleichen. Es bedurfte noch längerer Zeit, um das Problem generell im Sinne des COMPENDIUMS zu lösen. 1803, zur Zeit der Säkularisierung der bayerischen Klöster, war es noch ungelöst.

- Der Eigenwirtschaft des Stifts

Das eigene "Maier- und Schwaigwesen" des Stifts spielt im COMPENDIUM eine mindestens ebenso grosse Rolle, wie die Wirtschaft der Untertanen. Reittorner verteidigt es an verschiedenen Stellen gegen eine, offenbar im Konvent vorhandene Tendenz zu seiner Vernachlässigung. Typisch dafür ist die Stelle (S. 25), "dass es schmal hergehen und schlechtlich gehaust sein würde", wenn man sich nur auf die Abgaben der Untertanen verlassen und nicht selbst wirtschaften wollte. Das ganze folgende Caput I der Dritten Observation (S. 25 f.) ist allein dem Nachweis gewidmet, dass die Eigenwirtschaft dem Stift "fürträglich" sei; desgleichen beantwortet Caput XVII (S. 59 f.) die Frage, ob die eingetretene Vermehrung der "Maierschaft" dem Kloster nicht mehr schädlich als nützlich sei. Dafür werden auch konkrete Beispiele gegeben (z. B. S. 60 und 66).

Reittorner betont dabei den wirtschaftlichen Gesichtspunkt. Die Eigenwirtschaft soll durchaus "nicht blos und allein wegen einer Zier oder extraordinari Lust" betrieben werden (S. 36), sondern soll auf "einen fürträglichen Nutzen angestellt werden" (S. 27). Der Prokurator sagt damit einem Wirtschaftsbetrieb im Sinn barocker Repräsentation ab, wie er da und dort in geistlichen und weltlichen Herrschaften üblich war (19). Das COMPENDIUM entspricht also nicht der "Grundrentnerhaltung" der geistlichen Herrschaften, die Lütge seit dem 15. und 16. Jahrhundert gerade in süddeutschen geistlichen Herrschaften festgestellt hat (20). Diese Generalisierung würde also auf den Diessener Konvent in der ersten Hälfte des 17. Jahrhunderts, unter Regierung des Reformpropstes Werlin nicht zutreffen. Dabei mag die Persönlichkeit des Prokurators, die sich durch sein COMPENDIUM ausweist, mitgespielt haben. Der Grund für seinen besonderen Einsatz für die Eigenwirtschaft des Klosters mag auch aus seiner eigenen Familiengeschichte, der Reittorner in Schöllnach, zu erklären sein. Eine Familie, die im Bayerischen Wald nicht wirtschaften konnte, hätte kaum einige Jahrhunderte überstehen können.

In Diessen wurde jedenfalls bewusst gewirtschaftet, wie das COMPENDIUM an vielen Stellen erkennen lässt. So kann das COMPENDIUM sowohl im einzelnen, wie mit dem Versuch einer Gesamtrechnung (S. 64 f.) auch einen Beitrag zu der von Abel (21) aufgeworfenen Frage liefern, ob die "wirtschaftlichen Probleme in unserem Sinn" in einem so gearteten Wirtschaftsbetrieb schon vorhanden waren, und ob im besonderen eine fest-

---

(19) So muss z. B. noch Julius Bernhard von Rohr in seiner "Algemeinen Land- und Feldwirtschaftskunst derer Teutschen (1720) gegen das "unproportionierliche Ansehen" barocker Gutsgebäude wettern.
(20) Lütge, a.a.O., S. 35.
(21) Abel, a.a.O., S. 300-301.

stellbare, d.h. errechnete Rentabilität angestrebt wurde. Wie ein roter Faden zieht sich durch das COMPENDIUM der Wille zur "Besserung", in concreto zur Melioration der Gründe. Ein typisches Beispiel dafür ist die grosse, früher einmähdige Wiese bei der Klosterschwaige Achselschwang (S. 52), von der man den "besten Teil mit grossem Nutz angermässig und zweimähdig gemacht hat". Zum Zweck der Melioration werden Gründe eingetauscht (S. 53). Eine eingetauschte Wiese wird nach erfolgter Arrondierung "in eine durchgehende Kontinuität und schönen Prospekt gebracht, und mit einem Hag oder letztlich einer lebendigen Hecke eingefangen" (S. 54). Ein weiteres Beispiel findet sich bis in die Einzelheiten S. 52. Ein zuwachsender Weiher wird trockengelegt und zu einem Anger, also einer wenigstens zweimähdigen Wiese gemacht (S. 50). Mindestens das COMPENDIUM widerspricht also der Feststellung Lütges (22), dass "das Streben nach systematischer Erhöhung des Wirtschaftsertrages" bei der Kirche als Grundherrin und als Wirtschafterin fehlte. Wir wollen keinesfalls ins Gegenteil verfallen und den Wirtschaftsstil des COMPENDIUMs verallgemeinern. Doch würde analog die weitere Feststellung Lütges, dass auch beim bayerischen Bauern Jahrhunderte vor der Bauernbefreiung "jede Expansive Haltung, d.h. jede Ausweitung aus eigener Kraft" gefehlt habe, zu Einzeluntersuchungen veranlassen. Genaue Aussagen liessen sich aber nicht aus der allgemeinen Literatur, sondern nur aus dem Werdegang der Kulturlandschaft gewinnen. Der furchtbare Rückschlag des 30jährigen Krieges, den das COMPENDIUM ausweist, und der langsame Wiederaufbau müsste dabei in Rechnung gestellt werden. Die Frage der Arbeitserledigung im Eigenbetrieb des Stifts steht damit in engstem Zusammenhang.

Reittorner war, wie bereits ausgeführt, für die Feldarbeit auch der Eigenwirtschaft zum Teil noch auf die Scharwerksarbeit der stiftischen Bauern angewiesen. Das grosse "gefasste Konzept", das er für die Gesamtwirtschaft hat, kann aber "allein durch gute und getreue Ehehalten und Handarbeiter" durchgeführt (oder "exekutiert") werden (S. 31). Das heisst in der Folge, dass sich die Frage der Produktivität dieser entlohnten, freiwillig geleisteten Arbeit aufdrängt. Reittorner schreibt dazu (S. 27), dass "man die Maierschaft um ein namhaftes vermehrt habe", dass aber die vorhandenen Arbeitskräfte durch eine verbesserte Betriebsorganisation rationeller eingesetzt werden konnten, so dass "die ordinari Ehehalten, als Knechte, Mägde, Hüter und Buben nicht um ein einziges, als man zuvor gehabt, mehr gedingt worden" (S. 63). Dieser - man würde heute sagen: Rationalisierungserfolg - wurde nicht nur innerhalb der einzelnen Betriebseinheiten des Stifts, sondern besonders durch eine arbeitsteilige Zusammenarbeit zwischen dem Maierhof und den zwei Schwaigen erreicht. Reittorner sagt das an einer Stelle ganz klar: "(Man müsse dafür sorgen, dass) bei diesen drei Maierschaften eines ins andere gericht, und aus dreien gleichsamb ein Corpus formiert (und) jederzeit in guter Ordnung gehalten werde" (S. 28). Das macht einen Blick auf das Schwaighwesen nötig.

Die Einrichtung der Schwaighöfe ist als "der grösste betriebswirtschaftliche Fortschritt" bezeichnet worden, "den die mittelalterliche Landwirtschaft im Gebirge und am Alpenrand überhaupt zu verzeichnen hatte" (23).

---

(22) Lütge, a.a.O., S.15.
(23) Adolf Sandberger, Aus der Geschichte der Landwirtschaft im ostwärtigen Chiemgau (Heimatbuch des Landkreises Traunstein, 1965).

Das Kennzeichen des Schwaigwesens ist die Arbeitsteilung zwischen einem, in günstigerer (Ebenen- oder Tal-)Lage befindlichen Hauptbetrieb, der die Versorgung mit Getreide verbürgen konnte, und den auf Viehwirtschaft, teilweise auf Milchwirtschaft spezialisierten, meist ungünstiger oder höher gelegenen Schwaighöfen. Schwaigen konnten entweder verpachtet oder in Eigenregie betrieben werden, wie zu dieser Zeit in Diessen. Auf den beiden Klosterschwaigen, Achselschwang und Tann, wirtschaftete ein angestellter Schwaiger. Die Koordinierung des Arbeitseinsatzes auf Maierhof und Schwaigen ist ein Hauptanliegen des Prokurators (siehe etwa S. 31). Die Arbeitsteilung zwischen Maierhof und Schwaigen wird in den verschiedenen Betriebszweigen durchdacht, wie z. B. in der Pferdezucht (S. 28 und 37); und wenn Reittorner festlegt, dass auf den Schwaigen "keine anderen denn Weidross" gehalten werden sollen, dann führt vom "Rosszügl" in Achselschwang ein direkter Weg von der pferdezüchtenden Klosterschwaige zum säkularisierten Staatsgestüt Achselschwang (24). Diese Arbeitsteilung wirkt sich dann bis in die Streustrohversorgung der Schwaighöfe (S. 28) und deren Ersatz durch Wald-(Laub-)Streu (S. 54) aus, und nicht zuletzt auch auf Kostformen in der Gesindeverpflegung (S. 29).

Allein schon diese Arbeitsteilung führt den Verfasser zur klaren Erkenntnis des Zusammenhanges zwischen Futterbau, Viehhaltung, Düngung und Erträgen des Ackerbaues (S. 33) und infolgedessen zur bewussten Pflege des Grünlandes (S. 35-36 und 41). Der enggeschlossene Kreislauf der Erhaltung der Bodenfruchtbarkeit zwingt auch dazu, alle Düngerquellen zu suchen, wie z. B. die Asche und den verbrannten Boden von den Kohlstätten, als Kali-Düngung gegen das Vermoosen der Wiesen (S. 35).

Ackerbaulich steht Diessen, Maierhof und Schwaighöfe, noch fest in der Dreifelderwirtschaft. Reittorner spricht z. B. für den Nebenhof Romenthal ganz selbstverständlich von "allen drei Feldern" (S. 43), ebenso für die Schwaige Achselschwang, wo er für diese drei Felder "der Grössen halber ein schöne Gleichheit", also gleiche Schlaggrössen herstellt (S. 52). Die Brache soll im Sommer, wenn man den Acker anders nicht "geschlacht" machen könnte, bis zu fünfmal bearbeitet werden (S. 33). Auf den guten und trockenen Äckern des Maierhofs soll Roggen, Vehsen (= Dinkel), Gerste - diese auch als Braugerste - und Hafer angebaut werden; auf den Schwaighöfen nur Vehsen und Hafer, wobei die Schwaiger selbst säen sollen.

Ähnliche Einzelangaben finden sich im COMPENDIUM für alle Zweige der Tierzucht, über Pferde- und Rinderzucht, Milchwirtschaft und Mast, Zuchtregeln und Stallbau - auf die hier nicht weiter eingegangen werden soll.

Merkwürdig ist, dass der Prokurator vergleichsweise wenig über die Bewirtschaftung des grossen Waldbesitzes des Klosters berichtet. Dabei besass Diessen noch zur Zeit der Säkularisation über 6500 bayer. Tagwerk Wald in neun Forsten, wobei allerdings nur einer vermessen war (25).

---

(24) Bernhard Müller-Hahl (Hg.), Heimatbuch Stadt- und Landreis Landsberg a. Lech, 1966 (hier bes.: Die Bewirtschaftung des Landes, von H. Haushofer, Die Pferdezucht, S. 228).

(25) Hans Tremel, Die säkularisiertenKlosterwaldungen in Altbayern. Diss. Univ. München 1924. (Diessen s. S. 43-45). - Über deren weitere Entwicklung vergl. Karl Rebel, Waldbauliches aus Bayern, (Zwischen Ammersee u. Peissenberg, S. 47-51), 1926.

Diese Forsten waren belastet durch die Forstrechte der Diessener Untertanen, die dadurch bekannt sind, dass sie nach der sog. Purifikation der bayerischen Staatsforsten (und damit auch der säkularisierten Diessener Klosterforsten) anfangs des 19. Jahrhunderts entschädigt werden mussten. Der Waldbesitz des Stifts war also in erster Linie Bau- und Brennholzlieferant für das Stift selbst, den Markt Diessen und die umliegenden Ortschaften, und zwar sowohl für die "eingeforsteten" Untertanen wie die sonstigen Bezieher. Reittorner sorgt sich zwar bei Gelegenheit um den "Holzwachs" (S. 19), auch das Verhältnis von Wald und Weide beschäftigt ihn (S. 41). Das Verhältnis von Wildschaden und Landwirtschaft wird ihm ebenso zum Problem wie seinen Nachfahren 300 Jahre später. Er findet dabei die salomonische Lösung des noch heute gültigen Kompromisses: "Gesetzt aber, dass je dem Waidwerk ein geringer Abbruch geschehen, solle man den Nutzen, so von Ochsen und Vieh hereingeht, mit dem Nutzen vom Waidwerk vergleichen ("conferiern") und hernach urteilen; aber sie können wohl beide nebeneinander stehen und praktiziert werden" (S. 41). Das gleiche gilt für das Verhältnis von Waldbau und Waldweide, besonders der Schweine, den sog. Techl.

Zu einer Oekonomie wie der Diessener gehörten fast selbstverständlich die Brauerei (S. 27 und 81), eine Ziegelei (S. 72), Mahl- und Sägemühle (S. 72), die Handwerksleute, wie Schmied, Wagner und Kistler (Schreiner) (S. 77), über deren Stellung in der Gesamtwirtschaft fallweise ausgesagt wird. Auch der Obstbau wird nicht vergessen (S. 49, 71-72), sein "Baumwerk" wird liebevoll in die von Reittorner so bevorzugte "schöne Ordnung" einbezogen.

Das Jahr des "grossen Traumas" ist und bleibt für Reittorner aber das Jahr 1632, mit dem plötzlichen Zusammenbruch alles, in dem davorliegenden und von ihm zu verantwortenden Jahrzehnt Geleisteten. Immer lebt in ihm die Rücksicht auf die Werte, "so kein Feind hinweg nehmen, noch kein Feuer verzehren kann", d. h. den Grund und Boden (S. 62). Er erinnert daran, was an Fahrnis "vor dem feindlichen Einfall" (S. 57) vorhanden war. Der erwirtschaftete Hochstand des lebendigen Inventars 1632, "vor man gleich ganz von Haus lassen müssen" wird erinnert (S. 54 f.). Die Aufbauleistung nach 1634, d. h. bis zum Abschluss des COMPENDIUM und dem bald darauf folgenden Tode des Verfassers, wird in Vergleich dazu gesetzt (S. 57 f.). Die furchtbare Verarmung des Landes, die sich im Preisverfall von Grund und Boden äussert, wird von ihm festgehalten (S. 42 und 45). Die Verarmung wird dem Stift, als einem Getreideanbauer und Bezieher von Naturalsteuern in Getreide, nur teilweise durch die Steigerung der Getreidepreise (S. 20) ausgeglichen.

Das Erlebnis der Jahre 1632-1634 lässt den tieffrommen Prokurator an verschiedenen Stellen des COMPENDIUM - besonders wenn er Erfolge schildert - die Bemerkung machen: dass selbst bei "fleissiger Obacht und guter Direction ... des Closters procuratoris" (S. 59) alles "am gnädigen Segen Gottes gelegen" sei. Der letzte Satz des Berichts, auf den auch hier zum Schluss besonders verwiesen werden soll, erscheint also kaum als leere Floskel, sondern als Ausdruck einer echten Überzeugung.

Capitl. 6.
Vom feldtbau vnd was darzue gehörig

Die velder, zingas vnd wißmäder belang-
ent, sein freylich darin ding nit gewesst
wol in acht zunemen, sonderlich weil die
felder bödt. Als erstlich das die äcker
wol geäckhert, guet anderwol ge-
düngt, dasselbe recht, vnd zu ieder sach
ein notturfft, auch zu seiner rechter
zeit begerndt werden.

Das wißheen vnd ögen anlangent,
ist freylich das das schmaltz vieh
zu etlichen tail mit der schwämern oder
baumhew zeitlig geächtert werden
weiln ich dem fürkhomen andergestlich
ackhertrauch erfündes, also es einesbei
des andern igbal, disz raiß, jenes die
ackher buett, welches dann balden ...

Probe der Handschrift Wilhelm Reittorners

II. Compendium Oeconomicum

Demonstrationes et Observationes

Von

Wilhelm Reittorner von Schöllnach
† 9. Jan. 1643

Inhaltsverzeichnis

Vorredt oder kurzer und notwendiger underricht 5

Compendium Oeconomicum 6

<u>Erste Observation</u>: Des closters privilegia, urbaria und schreiberei betr. 7

    <u>Caput I</u>: Daß bei besagten hiesigen closters zwar schlechten schreiberei ein aigentliche reformation und registratur hoch vonnötten sey 7

    <u>Caput II</u>: Summarischer und unfirgreiflicher form und weiß einer neuen und notwendigen registratur, sonderlich die briefliche urkhunden betr. 8

    <u>Caput III</u>: Wie des closters saal- und stüfftbücher auch ander urbaria in ain guete richtigkeit mögen gebracht werden 10

    <u>Caput IV</u>: Wie alles obbemeltes in einer richtigen und bestendigen ordnung könnde erhalten werden 13

<u>Andere Observation</u>: Handelt von des closters höf und güetter, stüfft, gilt und der underthonen gerechtigkaiten etc... 15

    <u>Caput I</u>: Ursach, warumb man ein ordentliche grundbeschreibung fürnemmen soll 15

    <u>Caput II</u>: Wie und was gestalten man ein derzeit notwendige grundtbeschreibung fürnemen solle 15

    <u>Caput III</u>: Wie obvermelte grundbeschreibung und grundtbuech richtig möge erhalten werden 17

    <u>Caput IV</u>: Ungefehrliches guetachten des closters höf, und güeter, auch der underthonen aigne stuckh betr.. 19

    <u>Caput V</u>: Daß man wegen des einstands und aufrichtung der aignen brief auf die venenderung der aignen stuckh wol acht geben solte 20

    <u>Caput VI</u>: Daß man aus den güettern nichts solle verkhauffen lassen und wie es mit den leibsnarungen möge gehalten werden 20

    <u>Caput VII</u>: Höcherung der stüfft und gilten betr. 21

    <u>Caput VIII</u>: Von bestellung der guetpröbst 22

    <u>Caput IX</u>: Wie es mit den cassen geföhlen und sonst allerlai traidt einamben und ausgaben möge gehalten werden 22

<u>Drite Observation</u>: Beruehet haubtsachlich des closters mayr- und schwaigwesen, veldtbau und vichzigl etc. 25

    <u>Caput I</u>: Daß ein wolgeordnete mairschafft bey einem haußwösen nuz und fürtreglich sey 25

    <u>Caput II</u>: Waß haubtsachlich zu einer nuzlichen mairschafft gehörig, und daß die hierzue notwendige requisita sich bey des closters mayr- und schwaigwösen guetermassen befinden 25

    <u>Caput III</u>: General guetachten, das mair- und schwaigwösen betr. 27

    <u>Caput IV</u>: Daß die mair- und schwaighöf mit gueten ehehalten. nuzbarn roß und vich. wie auch notwendigen paufarnuß sollen versehen und beschlagen werden.... 29

Caput V: Von den zum pauwösen gehörigen ehehalten
und was dem anhengig 31
Caput VI: Vom feldtbau und waß darzue gehörig 32
Caput VII: Von engern, ehegarten und wismaden etc. 34
Caput VIII: Von rossen und roßzigl, auch was deme anhengig 36
Caput IX: Von oxen und anderm klovich 38
Caput X: Warumben man den hof Ramenthal aigentlich
khaufft, und wie man selbigen hinfüran bauen und
nuzen solle 42
Caput XI: Warumb man die beede güetter zu Aichberg
kaufft, und zu der schwaig Axelschwang gelegt habe   45
Caput XII: Was man seit anno 1622 biß anno 1642 für
ainschichtige und ander grundtstuckh und güeter
zum mairhof erkaufft, und die alberait dabey verhandene verbessert habe 47
Caput XIII: Waß man in obbemelter zeit an grundstuckhen zu der schwaig Axelschwang erkaufft und
verbessert hat 50
Caput XIV: Waß zu der schwaig Tann an grundtstuckhen
in bemelter zeit erkauft und sonsten verbessert
worden 53
Caput XV: Wie hoch sich die vermehrungen und besserung
an roß, vich und vahrnuß von anno 1622 biß anno
1632 belauffen thue, und waß seit anno 1635 widerumben khauft und erziglet worden 54
Caput XVI: Daß man jerlichen ein ordenliches inventarium yber vich, feldt und hauß fahrnuß verfassen
sollen 57
Caput XVII: Frag und antworth, ob nemblich die gedachten vermehrungen der mairschafft dem closter nit
mehr schödlich alß nuz sein, weiln sonderlich die
herzue khaufte veldtstuckh, wisen und anger, wie
ob specificiert worden, sovil cost haben, und ob
nit ratsamber gewest were, daß man das umb die erkauften und abgelesten stuckh ausgebene gelt an
zinßbare höf und güeter, so jarlich ihr gewis gelt
und traidt diennen, ausgelegt hette 59
Caput XVIII: Frag und antworth, weiln mit offtbemelter vermehrung und erweiterung des mairwösen, auch
die jarliche spesa und hierzue notwendige außgaben
gemehrt werden, ob nit also der nuz davon schlecht,
und für nichts zu achten sey 62

Vierte Observation: Handlet von des closters fabria oder gebeuen, zimer und wohnungen 69

Caput I: Warumben man anno 1622 zu bauen angefangen
und was dis jar hiemit fürgenommen und an gelt auf
den bau ausgeben worden 69
Caput II: Waß dies jar anno 1623 baut und auf gedachten pau ausgeben und an gelt bezalt worden 71
Caput III: Was man dis jar baut und darfür bezalt
habe (1624) 73
Caput IV: Würdt erzelt was anno 1625 baut und den
handtwerchsleithen, auch tagwerchern an gelt geben
worden 73

Caput V: Anno 1626, dis jar hat man den mayrhof angeht zu bauen, auch was diesfahls baut, und auf solchen bau ausgeben und bezalt worden 74

Caput VI: Anno 1627 von der erbauung des traidt castens und marchstalls, auch was dis jar für pau cösten auffgangen 75

Caput VII: Anno 1628, was gemeltes jar baut und für pau costen ausgeben worden 77

Caput VIII: Volgt, was man anno 1629 gebaut und auf den bau an gelt ausgeben hat 77

Caput IX: fehlt (1630) 78

Caput X: Anno 1631, dises bedeute jar ist haubtsechlich St. Veits kirchen zu Oberwindach erbaut, und andere vorgehende gebeu, zum thail ausberait worden 79

Caput XI: Computation umb summarische verzaichung, was obgemelte jar an gelt und traidt auf erzeltes pauwerch gangen ist 80

Caput XII: Unfürgriffliches guetachten, wie die aufgefürte und obbedeute gebeu, sovil möglich bei gueten würden khönden erhalten werden 81

Vorredt oder kurzer und notwendiger underricht

Es ist ohne weitleifiges erzellen genuegsamb wisslich, daß man bei hiesigem gotshaus in etlichen dessen oeconomiam betr. sachen alberait anno 1622 ein zimblich starkhe reformation furgenomen, und sich dahin bemiehet habe, wie man erstlich des closters privilegia, urbaria und was zur schreibstuben gehörig, in ein richtige und nuzliche ordnung bringen und dabei erhalten khönde.

Fürs ander hat man dis, was bei des closters in underschidlichen gerichten und herrschafften gelegen höff und güetern, auch der underthonen dabei habenden gerechtigkheiten halber zuerwegen, und wie allen disfahls alberait verspürten und khonftigen ungelegenheiten, nit weniger allerhandt schedlichen preiudiciis mechte vorbaut werden, in sonderbare obacht genomen und mit ainer nuzlichen registratur auch verbesserung der urbarien einen gueten anfang gemacht.

Dritens hat man sich vil und mit erkhauffung fürnember grundtstuckh starkh bemiehet, wie des closters mayr- und schwaigwösen nuzlich und auf ain solche weis khönde angericht und soweit verbessert werden, daß man yber die noturfft mehn- und reit-ross, auch milch- und schlachtvich järlich von jungen rossen und mastvich etwas nambhafts verkhauffen und hievon ein wolergibige suma gelts lesen und einnemen khönde, zu deme man auch auf sonderbare mitl tracht, wie man bei dem zugedachten orten gehörigem veldtbau (neben demienigen zechenten, so nach der garb gefechsnet und alda ausdroschen werden) die notturfft maltraidt, wie auch die gersten zum preuen selbst erbauen, und hingegen das dienst- und gilt traidt fast sambentlich verkauffen, und also zu einer namhafften einnamb an gelt iärlich oder wie man es der kheuff halber mit nuz anordnen khönde, gelangen mechte.

Zum vierten, weiln sich bei des closters allerlai in- und auslendischen gebeuen nit allain vil beschwerliche ungelegenheiten, sondern auch ganz schödliche und gefährliche paufelligkheiten befunden, also hat man sich gleich zu anfang des obbemelten 1622 jars starkh bearbait, wie man solcher ungelegenheit und gefahr vorkhumen, und alles sovil möglich zu guetem nuz und beharlichem bestandt richten und bauen khönde.

Und ob man gleichwol oberzeltes nach und nach, wie volgendt zuvernemmen sein würdt, durch die gnad Gotes alberait (zwar nit ohne sonderbare mihe und costen) weit bracht hat, so sein doch anno 1632 durch das schädliche kriegswesen, und ganz verderbliche blinderungen alle guete und bedeite vorhaben und concept zuruckh bestelt, und der alberait zu erzeltem end und zil zusammen gebrachte vorradt an vich, traidt veldt und paufahrnus, vom feindt und freundten geraubt und hinweckh genommen worden, also daß anno 1635, da man sich allgemach widerumben von der flucht nach haus begeben, hievon ganz nichts mehr vorhanden und zu finden gewest; weiln aber gotlob des gotshaus privilegia und andere schriftliche documenta oder urkhunden (ausser der unumbgenkhlichen disfahls eraigneten verwirrungen) unverlezt verbliben, und durch zeitliches flechen erhalten worden, des closters an underschidlichen orten gelegne höff und güetter auch maisten thails wiederumben bemairt und mit underthonen besezt, und sonderlich weiln dem gotshaus an den zu den mair- und schwaighöfen gehörigen veldtstuckhen, anger und wismath etc. under diser zeit nichts verlohrn oder verzuckht, noch ain und anderer mayr- oder schwaighof, wie an vil orten beschechen, verbrendt oder in anderweg demolirt und verwüst worden, also hat man umb solches alles gott wol zu dankhen, beinebens auch die vorige, negsterzelte guete vorhaben und concept zu reassumirn, und mit der hilf gottes, sovil allerhandt ungelegenheiten nach der zeit zulassen, fortzusezen genuegsambe ursach; dahero dan ain notturfft sein will, daß man zuvor, ehe und dan man das werkh angreifft, wisse, wie die vorigen concept vor dem bemelten kriegswesen beschaffen gewest, wie und ob man sie auch zu wirkhlichem effect bringen khönde, und ob sie nit villeicht dem gotshaus mehr schad als nuz waren, und inskhonfftig mehr nachthailig als fürtreglich sein mechten. Damit man demnach in einem und anderen genuegsamben underricht haben khönde, sein allerlay disfahls notwendige und hoffentlich nuzliche demonstrationes und observationes durch einen, der in die zwainzig jahr bei des closters oeconomia gerichtssachen und hauswürthschaften gebraucht worden, treulich und wolmainendt, doch seinen hochgeehrten und geliebten herrn superioribus und nachkhumenden procuratoribus infirgriffen, und ohn alle fürgeschribne mass in dis compendium oeconomicum zusammentragen worden, getrösster hoffnung, es werde dieses schlechte und ainfaltig scriptum allen nachkhumenden procuratoribus, da sie anderst zur oeconomia, sovil ihr vocation zuelaß, lust und lieb haben, auch sich die herzue notwendige miehe und embsiges nachgedenkhen nit reuen lassen, ein sehr nuzliches formular und dergestalt richtig wegweiser sein, wie man nemblich mit der hilf gotes in ainem und andern des closters völlige oeconomiam recht nuzlich anstöllen, auch des gotshaus mobilia und immobilia bona, recht und gerechtigkheiten etc. mit erspriesslicher wolfart geniessen, und letztlich der lieben posteritet zu guetem alles in einer schönen und bestendigen ordnung erhalten khönde. Weiln aber solches nit allein an unser willen, miehe und arbait, sonder auch und zuvorderist an dem gnedigen willen, hilf und beistandt gottes bewendt, also solle alles dahin gestelt sein und verbleiben.

II. Das Compendium Oeconomicum (Text)

Es ist zu wissen notwendig, das hiesigen gotshaus und closters administratio temporalium haubtsechlich in fünf absonderlichen observationibus bestehen thue. Als erstlich daß die jenigen, denen gedachte administration obgelegen, vleissig acht geben, damit ermeltes closters privilegia, urbaria, und was sonst zur schreiberey gehörig, in ein guete und richtige ordnung gebracht und dabei bestendig erhalten werden.

Die andere observation bestehet in des closters jerlichen einkhommen, an stifft, gilten, und traidt dienst, auch was sonst von dessen höf und güetern, sonderlich der underthonen dabei habenden gerechtigkheiten herriert.
Die drite observation beruehet hauptsechlich in deß closters mair- und schwaigwesen feldtbau und vichzigl.
Die vierte observation trifft aigentlich an des closters fabricam, allerlay gebeu auch die notwendige underhaltung derselben etc.
Schliesslich und für daß fünffte würdt auch hierinen begriffen ain sonderbare und nuzliche observation, die helt in sich ein sumarische verzeichnus umb wievil hiesiges gotshaus von anno 1622 bis anno 1642 inclusive zu einem und anderm die bona temporalia betr. hauptsechlich verbessert oder geschmöllert worden.

ERSTE OBSERVATION
Des closters privilegia, urbaria und schreiberey betr.

CAPUT I
Daß bei besagten hiesigen closters zwar schlechten schreiberey ein aigentliche reformation und registratur hoch vonnötten sey.

Wie schon und nuzlich bei ieder canzley oder schreibstuben ein guete und bestendige registratur und ordnung sey, ist leichtlich aus disem abzunemmen, das nemblich all fürsichtige und embsige herrschaften hierauf ein wachendes aug haben, und sich nit wenig costen lassen, und ist gleichsamb ein unfelbares kenzaichen, daß wo man bei einer canzley oder schreibstuben ein schöne und nuzliche registratur und disposition findet, daß man an selbigem ort guet regiment halten, und wol hausen thue; hingegen da allerlay nuzlich und wichtige briefliche urkhunden, hin- und wider unachtsamb umbfahrn, oder gar unthrausamb an ein ort zesammen geworffen und verspört, auch denen die damit umbzugehn wissen, und billich sollen, nit vertraut werden, ist gewiß, daß solch verstörte privilegia und schrifftliche documenta mehr nit nuzen, als ein in einem haus verborgener schaz, den niemandt suecht, findt, oder braucht, und eben darumben, des man oft nit waiß (weil man nit nachsuecht) was man zu einem oder andern ding für recht und zuespruch habe, beschicht manches mahl, daß man fein allgemach unvermörkht umb grundt und boden, recht und gerechtigkheit, durch zuelessige verjärung und praescriptions mitl, khumen thet, und da man noch vil jahrn und ybersechnen handl, erst die privilegia herfür ziecht, da sie nichts mehr gelten, hat man sich derselben mehr zu schämmen als zuerfreyen, nemblich wegen des so groben ybersechens, so nit leichtlich zuverantworten, und bei der posteritet ein bösen nachkhlang verursachen thuet.

Damit man aber iezterzeltem unhail und schödlicher confusion disfalls fürkhommen thue, hat man nit allain hierzue ein aigne schreibstuben, sonder auch darein schöne und zu einer ordenlichen registratur taugliche und wolbequembliche cässten vergangne jahr geordnet und zugericht, dabei man sich alberait umb ein ganz nuzliche registratur angenommen, und in khürze, da man anderst der angefangne werkh continuiert, in ein schöne ordnung gebracht hatte, aber wie alles, also ist auch besagte registratur, durch die feindtliche einfall verwirt und verhindert worden, und letztlich zu einer solchen confusion gerathen, daß man wol ein zeit brauchen würdt, biß man es wiederumb zu recht und verstandenem vorhaben würdt bringen mögen, bei welchem gleichwol, aines oder deß andern empsig fleiß und behörliche arbait vil ausrichten khann.

Wirdt also nit unratsamb sein, wan hiebei allein ein summarischer und unfirgreifflicher formb und weiß, wie mans hinfiran mit einer neuen registratur ohne maßgebung halten mechte, gesezt werde.

CAPUT II

Summarischer und unfirgreiflicher form und weiß, einer neuen, und notwendigen registratur, sonderlich die briefliche urkhunden betr.

Wan dan an ihme selbsten wisslich, daß des closters bäbstl., bischöfl., kayserl. und fürstl. indult, privilegia, freyheiten und stifftungsbriefen, auch dero confirmationes in allweeg wol in acht zunemmen, also solle man sie billich vor allen zusammen suechen, doch solcher gestalt underschaiden, das man die bäbstl. und geistl. von den kayserl., fürstl. und was sonst des gotshaus recht und gerechtigkeit anlangt, separiere und absonderlich ein darzue depudierten cassten aufbehalten thue, als zu einem exempel, was bäbstl. und bischöfl. privilegia generalia sein, die das closter ins gemain angehn könden, in die erste, in dem darzu geordnetn cassten verhandne laden gelegt werden, was aber zu andern dem closter incorporierten pfarrn, auch denen darzue gehörigen filialn und zechenten gehört, solle für iede pfarr dem alphabet nach ein absonderliche schubladen im besagten cassten geordnet, und in selbige alle dahin gehörige briefliche urkhunden gelegt und aufbehalten werden.

Auf ein gleiche maß und gestalt solle man auch mit den khaiser- und fürstl. privilegien, und andern wichtigen brieflichen urkhunden verfahrn, und alle dergleichen brief, so ins gemain das closter anlangen, als stifftungsbrief, freyheiten und confirmationes etc. sollen in einen absonderlichen casten in die erst laden zusammenglegt werden, was aber anderer briefliche urkhunden und documenta, als alle fürstliche und gerichtliche erkhantnussen, receß, guetliche verträg ganze acta, schreiben, und antwort, daran etwaß gelegen, sonderlich was partey sachen anlangt, solle jedes an sein ort, wo es hin gehörig, als was E.G., den Markht Diessen anlangt, in die schubladen so zaichnet ist mit den buechstaben D., was Weilhaimb anlangt, in die schubladen, zaichnet mit dem buechstaben W. gelegt werden, und asofort zuverstehn von andern gerichten, hofmarch, dörffern und guetern, wie es die ordnung dem alphabet nach betr. würdt.

Wan dan dis beschechen, und ein solche summarische division gemacht worden, würdt in allweeg vonnötten sein, das man jede mit dem ersten bis auf den letzten buchstaben bezaichnete laden de novo registriere, und ein neue subdivision oder absonderung mache, als zu einem exempel was in die laden, darauf der buechstaben B. in erstgemelter summarischer registratur gelegt werden mueß, hernach in der particular registratur und bedeiter subdivision in underschidliche laden, so sich im gerichts casten befinden, austhailt und all acta oder schrifften, was zusamen gehört, zusammen gebunden, und mit gebirenden summarys oder haubtsechlichen inhalt verzaichnet, an sein depudiertes ort gelegt werden. Weiln aber under besagten buechstaben B. underschidliche dörffer und gueter als ob und under Brunnen, Brunnen bei Schmiechen, Bergen, Brunthal etc. begriffen, mueß in iedes dorffs oder orts aigents in dem gerichtskasten verordnete schubladen, was darein gehörig ist, und die güeter und underthonen selbigen orts antrifft verstandnermassen gelegt, und alda aufbehalten werden, doch ist hiebei zumörkhen, daß alle wichtige und gefertigte brief, deren man sich ins khonftig zu erhaltung des gotshaus oder der underthonen recht und gerechtigkeit bedinnen khan, in dem archiv sicher und in gueter ordnung müessen aufbehalten und verwart werden.

Damit aber alle confusion und verwirrung verhüet werde, würdt ratsamb sein, das in dem in der schreibstuben stehenden kasten alle briefliche urkhunden, die immediate daß closter angehn, und nit in daß archiv gehörig, als forstrecht und waldungen, vischerey, waidwerch, marchung, mayrhof, beede schwaigen, Rauchenbichlhof, waidt und vichtrib etc. auch was sich sonsten teglich begibt, als rechnung, quitung, krämer und khaufleuth, auch der handtwercher zetl und abrechnungen, alles vleissig, und zwar iedes in obvermeltem kasten darzue geordnete laden gelegt, und nit durcheinander gemischt werden.

Wan also ein solche registratur einmahl recht furgenomen und in gueter bestendiger ordnung solle erhalten werden, ist nit zu zweiflen, es wurde dem closter vil nuzen auch nit allein den ienigen officiern, so in der schreibstuben zuthuen haben, sonder auch jeden herrn prölaten selbst zubehaubt und schazung des closters recht und gerechtigkheiten zu notwendigen information der rechtsgelerten und advocaten und letztlich auf ieden notfahl zu rechtlichem beweiß sehr bequemb und fürtreglich sein.

Weiln aber alle originalia und gefertigte das closter selbst oder dessen underthonen hof und guetter recht und gerechtigkheiten belangente briefliche urkhunden, wie khurz zuvor andeut worden, billich in dem archiv und gueter verwahrung sollen und müessen aufbehalten werden, und doch ein notturfft sein will, das die so in der schreibstuben zuthuen, und mit allerhand fürfallenden, des closters und dessen underthonen grundt und boden recht und gerechtigkheiten betreffenden handlungen, gleichsamb täglich zu schaffen haben, als zuvorderist der herr prälat selbst, ein procurator und richter, gedachten aufbehaltner und verspörter briefliche urkhunden ein aigentliche und notwendige wissenschaft haben khönden, also würdt vonnötten oder aufs wenigist ratsamb sein, daß man gedachte aufbehaltne oder verschlossne originalia sambentlich, wie auch anderer orten und bei underschidlichen clöstern beschicht, in ein sauber gebundenes buch zusammen abschreib und sollen die gedachten brief den jarn nach, nachdeme sie datiert von dem mainsten bis auf den minsten sauber eingeschriben werden, so oft man auch ein neue churfürstliche oder andere gerichtliche erkhantnuß, receß, oder verträg, und sonsten andere wichtige und gefertigte brief, deren sich die posterität der stüffter willen und mainung zu khurz geschehen ist, abermahlen hat sich ein zeithero anderst bedacht, und haben vil herrn prälathen damit mans nur wol wisse, und niemandts die unwissenhait zu ihme behilflicher praescription brauchen khunde, nit allain abschreiben, sonder sogar im offnen thrukh (wie sonderlich in Metropoli Salisburgensi), an underschidlichen orthen zusechen kunnen, und iederman für augen legen lassen, zugeschweigen, daß sie es ihrem verpflichten dienern und officiern vertraut haben, zu deme sowohl als dem andern geben, und zwar darumben, damit man sich hiefüran gegen ein ander der unwissenheit halber nit vergriffe, sonder ieder bey dem seinigen riebig verbleiben möge, auf eben derentwillen und damit niemandts zu kurz geschehe, ist nit zulessig, daß ainer oder anderer seine briefliche urkhunden oder documenta gefehrlicher weiß verhalte und den gegenthail im process zue schaden und verliehrung der zeit verfahren lasse, zu deme wir wan ein procurator oder richter des closters freiheiten, jurisdiction, zuerkannte recht etc. in obacht nemmen in unpertubierter possession erhalten, und gegen den angränzten auch sonst auf waserlai weis und weg interessierten gerichtsherrn und nachbarn, oder auch den underthonen, verfechtern und schuzern, was er gedachter privilegien erkhandtnuß und recess kain wissenschafft hat. Wie wol und lobwürdig thuen hingegen etliche hern prälathen hieran, daß sie ihre fürnembste privilegia und sonst wichtige briefliche documenta nit allein durch ihre conventuales als religiosen oder dero richter, als fast allezeit gemaine gerichtserfahrne, sonder auch durch ain- oder mehr wolpracticierte rechtsgelehrte durch lesen und aus selbigen wol fundierten consilia, auch schöne und lautere instructiones den officiern zuem besten hierauß ziechen lassen, aus welchen sie klar und aigentlich sehen und lehrnen khünden, wie man daß so an des gotshaus recht, und gerechtigkaiten zum tail ybersehen, und in gefahr stehet, wiederumben recuperiern, daß aber was noch in saluo, vest und standthafft erhalten möge. Wolte gott es mechte auch ins khonftig, und zwar mit negstem bey hisigem gottshaus also gericht worden ist nit zu zweiflen es wurde nit allein der zeit sehr nuzlich, sonder auch den nachkomblichen zu der gleichen fleiß und obacht ein unfelbarer antrib sein, doch ist beinebens wol in acht zunemmen, zuem fahl solche gehaimbnisen verhanden, die billich allein ein herr praelath sambt dem convent wissen solle, es nit vonnötten das mans in offne buecher abschreib, und ieder mann wie man sagt, an die **zehn** streiche, sonder sollen in so notwendiger und grosser gehaim, als einem herrn prälathen oder auf wenigist den maisten und verstendigern thail des convents für guet ansicht, gehalten werden, und zwar dieses orts, sovil von allerlai brieflichen urkhunden. was aber die urbaria und anders zur schreibstuben gehörige bücher anlangt, solle hiemit gleichsfahls ein sonderbarer fleiß und guete ordnung gehalten und hievon etwaß weings vermelt werden.

CAPUT III

Wie des closters saal- und stüfftbücher auch andere urbaria in ain guete richtigkeit mögen gebracht werden.

Ob gleichwohl dieses caput billich seinen anfang von ainem ordentlichen grundtbuech nemmen sollen, weillen aber bald hernach im anderen thail oder observation von ainer richtigen und ordentlichen grundtbeschreibung, auch wie selbige fürgenommen, und daryber ein bestendiges grundtbuech verfasst und richtig erhalten möge werden, ausfierliche meldung beschehen würdt, also hat man alhie von besagtem grundtbuech nichts melden, sondern dis bis an sein orth verschüeben wollen.

Das stüfft- und cassten buech aber belangent, ist vonnötten, daß man selbige sowohl als das grundtbuech allezeit richtig und sauber halten thue, dahero solle man darinen nicht radieren, kaine ausständt oder andere memoralia darein schreiben, und dis darumben, damit sie allezeit als richtige und unverdechtliche urbaria bey notwendiger und gerichtlicher beweisung gebraucht für authentisch gehalten, und darauf gerichtlich erkhent möge werden, was sich aber begeben würdt, daß gedachten und anderer büecher wegen des öftern umb schreiben der nämen, etwas unrichtigs und unforblich werden sollen, also daß man sie vor gericht auf den notfahl fürzulegen ein billiches bedenckhen haben solle. Wan man sie alzeit aufs wenigist in dem driten oder vierten jahr völlig abschreiben: welches bey etlichen herrschaften ierlich beschicht, und die öltern im archiv an seinem orth aufbehalten.

Es solle auch hiebei dis vermelt werden, daß man von etlichen jahrn hero sonderlich mit dem casstenbuech dise ordnung fürgenommen, daß nemblich neben selbigen ein aignes und absonderliches restbuech oder ausstandt register gehalten worden, in welches man alle der underthonen treidtausständt ordenlich verzeichnet, so gleichfals mit dem stüfftbuech inskhonftig beschehen khönde.

Auf das man aber allerlai der underthonen schulden und ausständt nit aus sovil underschidlichen büechern zusammen klauben und aufsuchen miesse, hat man ein general und gemains schuldtbuech verordnet, darinen alle dörffer und underthonen mit nammen begriffen, in welches man derselbigen ausstandt und schulden als stüfft und gilt, traidt dienst so zu gelt angeschlagen worden, anfähl und abfart etc. zusammen tragen und allain summariter verzaichnet hat, also daß wan ein underthon zur rechnung oder bezallung erfordert würdt, man gleich sechen kan, was er in allem schuldig, und würdt in disem schuldtbuech ordenlich mit benennung des buechs oder registers, wo iedes unterthons ausstandt und abrechnung zu finden sey, verzaichnet.

Aber da man disfahls ein richtige ordnung erhalten will, wirdt vonnötten sein, daß man sonderlich die cassten underthonen, so traidt dienen, welche vor ostern ihr gilt nit völlig bracht, hernach auf ein gewisen tag zue abrechnung und richtigmachung erforderte, der rest oder ausstandt ordenlich beschriben, auch da er von mehr als ainen jahr und zimblich groß zu gelt angeschlagen, und neben benennung gewiser zeugen, so der abrechnung beigewohnt, dem restbuech einverleibt werde, und solle man dise ausständt oder schulden alsbalt in das general schuldtbuech wie vermelt aufs kürzist verzaichnen.

Insonderheit aber ist wol acht zugeben, das wan die underthonen an gedachten ausständen gelt erlegen und die stüfft traidtgelt oder anfahl also aus disen dreyen ains allein bezallen, daß yberig an stehn lassen, das man den empfang aus fierlich waß, und wan es zalt worden, damit man iedes in der particular schuldt registern eigentlich austain könde, im general schuldtbuech ordentlich benennen und einschreiben, und da die summa der erlag groß, sollen zeugen, so darbey gewest, benant und hinzue verzaichnet werden, dis aber darumben, weiln etliche unthreue, oder wol auch vergesne leuth, offtermahls streitten, und sie selbs beröden, sie haben ein mehrers als ein geschrieben worden, erlegt, oder gar völlig für alles auszalt, welches mit gewissen exempln auf den notfahl zu bescheinigen were.

Das anfahlbuech solle gleichfahls sauber und ordenlich erhalten werden, darinen man alle verenderung jeder höf und güetter, auch grundtstuckh verzaichnen und den contract wol und specifice beschriben solle, und ob man gleichwohl vor disen in gedachtes anfalbuech auch andere grundthandlungen als pfandung, straffen, abschidt etc. eingeschriben, ist es doch aus underschidlichen ursachen nit ratsamb, sonder vil bösser, wan man ein aignes grundtprothocoll halten; und was dergleichen grundthandlungen sein, darein ordentlich verzaichnen, auch wie sich gebürt und die noturfft der khonftigen fahl und preiudicien halber erfordert umbstendig ad perpetuam rei memoriam prothocolirn thue, dahero ein hofmarchs richter das wenigiste nit von grundt und boden heriert, ohne vorweisen eines herrn praelathens oder procuratoris, der notwendig bei solchen grundthandlungen sein solle, für sich selbs abhandlen und verbschaiden solle.

Es sollen auch in gedachtes grundt prothocoll alle consens so den underthonen wegen verhypothecierung und verschreibung ihrer bey den guetern habenden gerechtigkeiten ertailt worden, fleissig ein geschriben werden, und dis darumben, damit man könde sehen und allezeit finden, was für consens und verwilligung alberaith zuvor auf ain- und anders gueth ertailt worden, sonsten khünde leichtlich geschehen, daß man mehr verwilligte, als ratione des closters interesse oder anderer glaubiger beim gueth habenden schulden verantwortlich sein wurde.

Was aber andere büecher als gerichtsprothocoll, steur und vormundtschafft, büecher, ungelt, aufschlag und musster register etc. betr. tueth, ist gleichfahls vonnötten, daß sie richtig und in gueter ordnung erhalten werden, und weiln gedachte büecher und register gemainklich ein richter bey haus und in seiner verwahrung hat, also würdt er hierauf am bössten wissen acht zu geben, und sechen, daß er bey der herrschafft ausfierlich begertes fürlegen und visitation damit besechen khönde.

Eß wurde auch schön und nuzlich sein, wan man yber alle haubtbrief giltige acta, büecher und register, sovil dern in dem archiv und schreibstuben, wie auch ins richters verwahrung verhanden, ein ordentliches inventarium verfasste. Und so oft etwas von wichtigen briefen und schrifftlichen urkhunden zum closter kumbt, dem gedachten inventario alsbald einverleibt, und wo in welchem cassten und orth sie zufinden, andeit wurde.

Dabei auch sonderlich wol in acht zunemmen, daß man den advocate niemahls die originalia, sonderlich der haubtbrief, aber wol

collationierter abschrifften yberschickhen solle, da man sie aber
vor gericht zum beweis fürlegen miesse. Wan man allzeit neben dem
original ein von einem dem gericht immatriculierten notario beglaubte und vidimirte abschrifft yberraichen, und das original
zurug begern, zum fahl aber die advocaten die originalia instanter begerten, oder da man ihnen ganze und grosse acta pro informatione ein hendigen mueß oder die originalia yber angedeites begern und ein gehendigte abschrifften bey gericht behalten werden,
sollen man in besagtem inventario oder hierzu sonderbar geordneten memorial büechl ordentlich verzaichnen, was für brief und
acta, auch wan und wem hinaus geben, und vertraut worden. Es solle auch in gedachtem memorial oder inventario fleissig meldung
beschehen und verzaichnet werden, wan man gedachte schrifftliche
documenta widerumben zurug empfacht, damit man disfahl nit ihre
und gewiß wissen künde, ob sie an haimbs oder anderwerts und wo
zu finden sein, und weiln etlichmahln beschicht, daß man auch
wichtige concept oder copien, die man notwendiger nachrichtung
willen wol aufbehalten solle, aus nachlessigkait allein auf lediges umbfahrendes pappier koncipirt und aufsezt, weilen sie aber
auf solche weis bald verlohren und verlegt werden, also ist ratsamb, man halte zu solchen wichtigen concepten ein aignes von etlich bögen pappier zusammen gehöfftes rapular, welches auf underschidliche weis, und zwar nit allein der notwendigen nachrichtung
halber, sonder daß auch im concipiern ein gleicher und annemblicher stylus erhalten werde, nit wenig nuz und dienstlich sein
wurde.

Neben deme solle man auch allezeit ein gewisses und ordenliches
titular buech halten, damit man mit den titlen und praedicatis
nit schimpflich oder schödlicher weis irre, und den sachen hie
einen zuwenig oder zuvil thue, und sollen in dises titular buech
allein die titl bevorab der fürssten und fürnemmen persohnen,
sonder auch der eingang und schluß fleissig verzaichnet werden,
und weiln sich die titl oft wegen neuer ambter oder güetter verendern, solle ein richter oder schreiber an underschidlichen orthen sein öfter nachfrag haben und auf die in hieher yberschickhten schreiben verhandene underschrifften wol acht geben.

CAPUT IV

Wie alles obbemeltes in einer richtigen und bestendigen ordnung
könde erhalten werden

Damit aber alles, bis dato ohne maßgebung andeith worden, bei
richtig und bestendiger ordnung könde und möchte dest gewiser
erhalten werden, wurden nachvolgende wenige und unfürgreifliche
puncten vil fürtreglich sein.

Erstlich was der herr praelath selb, oder durch iemandts andern,
ein gewise und richtige canzley instruction aindsweders ohne maßgebung aus dem, was oben nach lengs vermelt worden, oder nach der
weil, wie es die praxis und zufallende casus an die handt geben
wurden, formierte, selbige ein procurator dirigierte und der
richter exequierte.

Fürs ander, wan ein herr praelath in der persohn neben dem procuratore oder durch andere hierzue taugliche conventuales aufs wenigist ihm jahr einmahl durchgehendt im archiv und schreibstuben, wie auch bey den jenigen büechern und actis, so ein richter allein underhanden, nachsechen und visitieren thet, ob alles in guete ordnung nach inhalt bemelter instruction sich befünden thue und auf notfahl alls mängl und unfleiß alsbaldt sovil möglich, abgestelt wurden.

Fürs drite würt vonnötten sein, daß man bei der gedachten schreibstuben solche leit brauchte, die hierzue tauglich und notwendig, also fürs erst ist nit wenig ratsamb, das ein herr praelath, weiln es ihme selb zuviel, und seine wichtigere geschäft und reputation ein anders erfordern, die schreibstuben und was dero anhengig, einen procuratoris principaliter anbevelchen und vertraue, und ob zwar nit ein jegelicher, sonderlich anfang, hierzue tauglich sein möchte, kahn er sich doch durch empsiges nachgedenckhen, fragen und lesen (wan anderst sein ingenium und natural hierzue qualizirt) tauglich machen. Und wan solches beschickht, wirt gewislich ervolgen, daß ein procurator dem herrn praelathe in vil sachen übertragen und subleviern, ein advocaten in des closters streithandlungen zu geniegen und weisen, und berichten, auch zu begebenden fähln vor gericht die noturft selbst würdt vorbringen könden, welches auch einem richter behilflich sein wurde, und da ein richter sein ambtspflicht bey seiz sezen, und wider verhoffen dem gottshaus nit empsig und treulich dienen solle, künde ein solcher procurator ihme an die seiten stehn und ihne zu schuldiger gebür weisen etc.

Die ander persohn würdt sein ein gelehrter wolpraticierter und ins closters streithandlungen gethreuer und **fertiger**, vom gottshaus aus bestelter churfürstl. hofraths advocat.

Die drite persohn solle sein ein verstendig in gerichtssachen wolerfahrner embsiger, gegen der herrschaft gethreuer und williger, gegen den underthonen liebreicher und mitsamber hofmarchsrichter.

Die vierte persohn, weiln ein hofmarchs richter neben formierrung der concept und andern wichtigen verrichtungen, nit alles vermig der in disem capitl angeteiten informations puncten, ab und in ander underschidtlich büecher einschreiben, auch die oberzelte registratur und ordnung allein richtig und ohne abgang erhalten oder wol auch wegen der starckhen gelt und traidtrechnungen zwen schreiber, die wol und gerecht schreiben und rechnen könden, haben tue, wievil aber dergleichen schreiber zu erhaltung gueter richtigkeit bey der schreiberei wie nach lengs verstanden für treglich und notwendig seyen, wissen hievon vil herrschaften, die solches erfahrn, genuegsamb zu bezeugen.

Dabey ist auch zumörckhen, daß man mit deme, was zur schreibstuben gehörig und vonnötten, nit zu kharg seye als wan man v:G: zu ersparung etlicher puech pappier etc. an piechern und andern schrifften was nambhafts dahinden liesse, und hierdurch in ein undordnung geraten solle.

ANDERE OBSERVATION

Handelt von des closters höf und güetter, stüfft, gilt und der underthonen gerechtigkaiten etc.

CAPUT I

Ursach, warumb man ein ordentliche grundtbeschreibung fürnemmen soll

Es ist meniglich, sonderlich aber den verstendigen und hierinen erfahrnen unverborgen, wie fürträglich nuz und ruemblich ieden praelathen, bevorab den geistlichen vorstehern sei, wan sie oder dero hierzu verordnete officiales, ihre anvertraute stüfft und closter an rändt, zinß und gilten, zu beförderung des gottshaus auch ihrem der ihrigen notwendigen underhaltung, mit götlicher hilf auch sonst zulessigen mitlen, nit allein vermehren, sonder auch das, was die ansechlichen und frommen stüffter zu solchen gottsheisern zuvor verordnet und geschenckht, oder gedachter praelathen geliebter vorfahrn durch ihr industriam und sonderbaren vleiß erhaust, und sonderlich an ligenden güettern erworben haben, also in salvo und richtig erhalten, daß man allezeit, was bey selbigen das closter, die underthonen, oder yemandts anderer an aigenthomb, recht und gerechtigkeiten zu suechen habe, wissen könde. Weillen aber hierzu menschliche relationes nit genueg sein, also ist ye ainmahl vonnötten, daß man sich umb ain rechtschaffne und volkumene grundtbeschreibung gleich wie und wan man kan, erstlich annemen und nit daran verzagen und leichtlich nachlassen thue, gesezt daß man in etlichen jahrn, bis die underthonen sich widerumb zu haus richten, und die güeter völlig bemairt werden, kain durchgehende beschreibung fürnemmen künde, so ist es doch besser, wan es gleich erst nach zechen jahren bescheche, als wan mans gar underlassen und in voriger unwissenheit stücken bleiben solle, damit man aber recht wisse, wie es mit jezt angedeiter gueter oder guetbeschreibung aigentlich gemaindt sey, solle hernach auf kürzist, wie man dergleichen beschreibung der zeit fürnemmen, und ein ordentliches grundtbuech, sovil möglich, aufrichten, auch wie solches nuzlich gebrauchen, und würckhlich möge erhalten, andeit werden.

CAPUT II

Wie und was gestalten man ein derzeit notwendige grundtbeschreibung fürnemen solle

Daß zur aufrichtung eines recht bestendigen und authentisierten grundtbuechs, mit deme man auf begebende fähl, ein und anders aigenthumb der güetter oder grundtstuck, bevorab gegen den angränziten grundt- oder auch interessierten gerichtsherrn, könde zu geniegen erwissen, fürnammer sollenniteitn regiriert werden, ist allen aber dergleichen gerichtliche beschreibung, authentishierung und aufrichtung eines solchen grundtbuechs, aus disen volgenden ursachen, daß man nemblich die gerichts- und interessierte grundtherrn neben jedes dorf, gmain oder dero volmechtige gewalthaber darzue beschreiben mueß, damit nemblich jederthail die fürzaigte grindt, so man beschreiben will, der march stain und rain etc. selbst recognostieren und sich zu solcher beschreibung bekhennen thue, vil zeit und schwern auch für dismahl unerschwenglichen costen brauchen und erfordern wurde. Also kan diser fromb und weiß der zeit noch eingestölt werden, doch ist in allweg ratsamb, daß zukunftig und bössern jahrn, wan sich das gottshaus wirdt authentisiertes und auf angedeithe maß beschribenes grundtbuech (welches sehr nuzlich) aufgericht werden.

Under diesem aber wurde genueg sein, wan man für dismahl ein dergleichen ungefehrliche general beschreibung auf maß und formb, wie hernachvolgt, fürnemmen thet, und diß solcher gestalt, das nemblich anfangs, deß closters und der hofmarch graniz und marchjurisdiction, vischery und waidwerch etc. wie nit weniger in specie alle grundtstuck an äckhern, angern, ehegardten und wismaden, auch wun und waidt, sovil dern zum mairhof und Rambetall gehörig, mit ihren anstössen und marchen ordentlich beschriben und dem grundtbuech so wie verstanden auf ein interim aufgricht werden mecht, gleich anfangs einverleibt wurden, hierauf sollen beeden schwaigen mit allen ihrn gränizen und anstessen beschriben, und gleich hernach in das grundtbuech ordentlich verzaichnet werden. Nach solchem sollen alle pfarr- und wiedengründt, sowohl was die vicary und pfarrer als die widen paurn inhaben und geniessen, ausfierlich und jedes absonderlich beschreiben, und dem grundtbuech nach obbemelten posten ordenlich einverleibt werden, hierauf solle man auch alle zehenten, sovil derselben daß closter an einem und anderem orth zufexnen hat, für dismahl auf wenigst in genere beschriben, doch were nit wenig fürtreglich und nuz, daß wan man ins konftig, wans wirdt sein konden, zwar nach der weil bei jeder pfarr, sonderlich wo man die zehenten verstüfft, die anzahl juchert ackhers erfahrn und beschriben und in gleichem fahl das closter Wessespronen zu Mornweiß practiciert hat. Auf dis könden der ordnung nach billich volgen, die gemaine durchgehende guetter beschreibungen, wie sich die dörffer und ainöden im stüfftbuech befinden, die auch in solcher ordnung dem grundtbuech möchten einverleibt werden, und wurde gar nuz fueglich sein, wan man yberbesagtes grundbuech ein ordentlichen indicem, dergleichen im stüfftbuech ist, richten thet.

Zu deme würdt ratsamb sein, wan man alle iber grundt und boden, wun und waidt ergangene abschiedt-recess, verträg oder schuldtbrief etc. in daß grundtbuech an orth und endt, zu welchen hofen und guettern sie gehörten, abschreiben, oder aufs wenigist die summa und den haubtsechlichen inhalt heraus verzaichnen, und wo die haubtbrief zu fünden, meldung thet.

Es wirdt auch, wie zum thail alberaith anregung beschechen, vonnötten sein, daß bey den gottshaus guettern nit allein die dahin gehörige, sonder auch die ienige grundstuckh, so die underthonen und besizer für aigen ansprechen, underschidlich verzaichnet, und bey den guets beschreibungen, wie solche aigentstuckh die besizer für aigen bescheinigen könden, auch die aigenbrief fürzulegen begert, und ob selbige mit den gemelten stuckhen sich in allen vergleichen, fleissig in obacht genomen werden, also daß nit allein des closters gueter, sonder der underthonen darbey habenden aigenstuckh und was jeder für frembte zupau habe, den grundtbeschreibungen vleissig doch absonderlich mit vermeldung, was jeder darumben fürzuweisen, einverleibt werde.

Die weil aber nit jede beschreibung, so allein obenhin geschicht, gildig und fürtreglich zumachen etliche gar zu sumarisch oder unlauter gestölt werden, und in den vorigen der zeit stuckhweiß verhandenen auch in den nit gar lengst beschechen beschreibung, sich grose ungleichheit und underschidliche förmb befinden, also wurde ganz ratsamb und nuzlich sein, wan man sich disfahls auf einen gewisen formb berathschlagen und resolvieren, auch selbigen hinfüran bey allen beschreibungen brauchen, und was auf einen bestandt beschriben worden, so baldt es sein kan, dem grundtbuech einverleiben thet. Es were auch schön und gueth, wan man die vorigen obvermelte nit unlengst fürgenomene beschreibungen in erst besagten neuen formb der gleichheit halber richten möchte, welches hoffentlich nach der weil, wol wirdt beschehen khönden, sonderlich weiln die maisten vorigen beschreibungen wegen ihres schlechten valors und starcken unrichtigkeiten halber müessen reformirt und anderst, zwar allein auf revisionem, so zur ersparung des uncostens durch die grundtbröbst sambt einen schreiber beschehen, gericht werden.

CAPUT III

Wie obvermelte grundbeschreibung und grundtbuech richtig möge erhalten werden

Wen man dan obverstandenermassen die von etlichen jahrn hero für genome und absonderliche verhandene beschreibungen mitnegst so man kan reformiern, und in gewisen formb richten, auch zusamen tragen und schreiben solle, und da man nach gestalt der zeit und gelegenheit nit den neuen beschreibungen, so bevorab anjezt wegen der grossen verwilligung und zerrittung, auch fast durchgehende verenderung der höf und guetter sonders vonnötten verfahrn thet, wurde nit unratsamb sein, daß man aus nachvolgenden ursachen einem jeden guetprobst neben seiner obgemelten instruction ain abschrift der jenigen gueter beschreibung, so in seiner guetprobstey gelegen, einhendigen und ihme erstlich **bevelchen** teht, daß er nit allein auf des closters gueter und darzu gehörige, sonder auch der underthonen aigne stuck fleissig obacht geben, dieselben sovil möglich alle drey jahr nach und nach aufs wenigist ainmahl, recognosiern und besichtigen, auch guete spech und acht geben thue, daß kain dergleichen unzulessiger vortl durch die underthonen gebraucht werde.

Und damit man bey den neustifften ohne alle gefar und vörtl der underthonen, verfahrn könde, wurde am ratsambisten sein, wan nach beschechener ybergab, kauf oder anderer verenderung der höf, güeter und sölden etc. der guetprobst sambt dem hingeber und kauffer, wie auch ihrn beistendern und underhändlern das verkhaufte oder in anderweg verenterte gueth zu dorf und veldt in allen besichtigen, und ob alles bevorab grundt und boden betr. vermög der neulichen **grundtbeschreibung**, so der guet probst in abschriften verstandenermassen bey sich haben solle, beim gueth verhanden sey, sechen und wol in acht nemmen thuen, welches er guetprobst, und wie die sachen beschaffen sein, der herrschaft absonderlich und allein, treulich referiern solle.

Nach solchem mechten die contrahenten neben dem guetprobsten und ihrm bemelten beystendern auf einen bestimbten stüffttag mit ihren alten stüfft - und da aigne stuckh verhanden - aigen briefen erscheinen, dannen als bald und vor allen daß grundtbuech aufschuechen, ihnen die beschreibung deß verhandleten oder verenderten guets etc. vorlesen, und beede als den hingeber, und kauffer prangen, ob sie sich zu solcher beschreibung, und daß das gueth, wie es beschriben worden, nach derzeit also zu dorf, und veldt beschaffen sey, bekhennen thuen. Hierauf dan mit verification der aignen stuckh, da dergleichen beim gueth verhanden, lestlich auch mit ratification deß kaufs und anderer verenderung, kan verfahrn und nach gestalt der sachen ein ordentlich und entliche neustift mag fürgenommen werden und daselbige ihren vortgang haben solte, wirdt zur behauptung einer richtigen ordnung und zuerhaltung deß grundtbuechs hoch vonnötten sein, daß man alsbaldt deß kauffers namen, sowohl im grundt- als im stüfftbuech zu dem erkhaufft oder verenderten gueth, sambt der jarzall, wan der kauf beschechen, verzaichnen, aber den nammen des hingebers nit gar ausleschen oder radiern thue, damit man der succession halber jedermahl wer vorhin solches gueth, wan, und wie lang er es ingehabt und besessen habe, wissen könde, welches gewisslich unseren successoribus ein schöne und nuzliche nachrichtung geben würdt, und solle sonderlich dis in obacht genommen werden, wan schlechte und claine grundtstickhl, als sich zu Utting, Schondorf, Finigen etc. vilmahln begibt, verendert werden, im grundt- und stüfftbuech die namen endere und oberzelter massen umbschreiben thue, wofern aber dis nit vleissig beschicht, wirdt daß grundtbuech bald in ein unwiderbringliche confusion kumen, und wenig mehr nuzen.

Weiln aber wol zu besorgen, es mechte das besagte grundtbuech so allezeit sauber und richtig erhalten solle werden, mit den klainen grundsticklein oder schlechten heisln, so offt in ainem jahr etlichmahl verendt werden, wirdt ratsamb sein, daß die jenigen orth, wo der gleichen cleine stickhl und heusl sein, so offt verendert werden, als ungeferlich im Marckh Diessen, **in der klosterhofmarch Ober-Under-Schondorf, Ober- und Underfinigen, Utting** etc. aus dem rechten grundtbuech in ein anders schlechters doch hierzu aignes verordnetes buech, und zwar nur auf halbs pappier heraus geschriben wurden und dis darumben, damit man mit dem umbschreiben desto leichter zukumen möchte, wan aber in gedachtem neben buech zum umbschreiben nit mehr orth und blaz sein wirdt, mechte man allezeit im driten oder vierten jar, darnach es die not erfordert dergleichen neben buecher leichter, als das ganze grundtbuech von neuem in vorigen formb abschreiben. Es sollen aber dergleichen neben buecher, darein man nit mehr schreiben kan, der succession halber und damit man alzeit wissen könde, wie die verenderten stuckh, von ainem auf den andern kumen sein, fleissig aufbehalten und zu rugs an ihr gewises orth, zu andern grundtbüechern gelegt werden, damit man wisse, auch mit den stüfft- und anfalbiechern confiriern könde. Dahero dan auch nit unvorab der guet probstey ein absonderliches grundtbuech hette.

Lestlich wurde zu einer imerwerenden erhaltung eines ordentlichen grundtbuchs, auch zur firkumung allerlai der ungetreuen underthonen hinderlist und unzulaistiger vörtl, sehr dienstlich sein,

wan man aufs wenigist in zechen jahrn ainmahl ein durchgehende
recognition und güeter, sonderlich wo man solches am maisten vonnötten zu sein vermainte, als bevorab bey den pfarr- und widen-
höfen, auch andern unrichtigen güetern, dabey vil aigne stuckh
oder zubau, und gefärliche anstöß und granizen sein, fürnemmen,
und ob die underthonen, die güetter vestlich und peulich, in-
sonderlich der holzwachs halber halten thuen, nachsechen thet,
welches darumben nit auf ain jahr, sonder nach und nach durch
einen procuratorem oder andern hierzue tauglich und verstendigen
conventualen neben den guetprobst, und wen man sonst darzue verordnen wöllt, mit einem schlechten uncosten beschehen khönde,
disse, und andere dergleichen bey des closters höf und güetter
notwendige bedenckhen und emsige obacht, hat jeder procurator
nach wol zu erwegen, und auf jeden begebenden notfahl dem herrn
praelathen zu notwendig remitierung mit gebür und gelegenheit zu
ermahnen billich ursach.

CAPUT IV

Ungefehrliches guetachten des closters höf und güeter, auch der
underthonen aigne stuckh betr.

Es ist ohne weitleiffiges erzellen genuegsamb wisslich, wasfür
sonderbare praeiudicia die jenige aigne veldtstuckh an eckhern
und wismadern etc., so die underthonen zue und in des closters
gueter bauen und einlegen, dem gottshaus geben und verursachen
thuen, auch was sie für verforthailung damit sonderlich in den
künfftigen ybergaben, und bei den neustifftern zugetragen, zugeschweigen das zu zeiten, wie man genuegsame erfahrung hat, mit
abwexlung der grindt, und aus öckherung der rhain nit geringe be-
trüegerey füryberghen, der gleichen wol zu benenen weren, damit
man aber solchen schaden und verforthailung vorkhumen und des
closters höf und güetter bey rechten würden erhalten thue, wurde
rathsambisten sein, daß man auf mitl gedacht were, wie man nach
und nach auf zutragende fehl die gedachten aigne stuckh den underthonen abhandlen könde, und in die güetter und höf umb gewise
stüfft und gilt legen thet, welches wie es die erfahrung gibt,
bey den verenderungen und neustifften, sonderlich bey denen, so
an gelt bloß und kaines sonderbaren vermögens, bevorab diser zeit
am füeglichisten beschechen khan, inmahln fro, wan man für anfahl
und andere herrnforderungen oder alte ausstandt aigne stuckh,
die man ihnen widerumben in die güetter legt, annimbt und sich
damit bezallen lasst. Man solle auch dergleichen aigne, doch giltig und nuzbare stuckh sonderlich am löchrain, wißmath und ge-
hölz, dafür fail und verkhaufft missen werden, nit leichtlich aus
den henden lassen. Also das sie under frembte herrschafften kommen, und von des closters hof und guetter gerissen werden, weiln
durch der gleichen stuckh man vilmahln die gietter nambhafft
verbössern, oder mit verkhauffung derselbigen schmöllern kan,
also daß, ob man gleich des gelts in ander weeg bedürfftig, oder
an parrschafft nichts vorhanden, manichsmal (doch nicht alzeit,
sonderlich wo die stuckh nit auträglich) besser were, man thet
dergleichen kaufschilling entlechnen als solche gelegenheiten
verabsaumen, und dergleichen keuf, ohne befirderung des closters
inderesse und durchgehenden nuz unbedachtsamb fahren lassen, welches auch in andern guettern kauffen wol zu beobachten, dan da

solches zuvor und vor villen jahrn, auch in nambhafften keüffen, umb wolgelegene hofmarckhen beschehn werde, wurde es dem gottshaus habender erfahrung nach grossen nuz bracht halben, in erwegung die umb dergleichn fürträgliche käuff gemachte schulden, daman anderst daran nit zu zweiflen, wie sich gebyrt hausen wollen, lengst abzalt, die güetter aber nach und gleichsamb ewig beim closter bleiben weren, dabei man sich von etlichen jahren hero, sonderlich da das traidt in einem so hochen wert gangen ist, gar wol befunden hete, und dis fürs erste.

CAPUT V

Daß man wegen des einstands und aufrichtung der aignen brief auf die verenderung der aignen stuckh wol acht geben solte

Wan es sich begibt, das ein oder anders aignes stuckh verendert wirdt, sollen die guetpröbst, weiln jeder underthon seinen grundtherrn, in dessen hof oder gueth das aigne stuckh baut wirdt, die verenderung, sonderlich weil der grundtherr nach inhalb der lobl. landtrecht des einstands tit. 21 art. 19 berechtigt, anzumelten schuldig, nit allein auf solche verenderung, gleich wie dieselbigen beschaffen, vleissig acht geben, und sie wie sich gebürt, anzaigen, sonder man solle auch bei den churfrl. landt gerichten und hofmarchsherrn, sovil man kan anhalten und begern, daß zu schuliger observanz der lobl. landtrecht, kainen underthon, so dem closter mit grundt und boden angehörig, umb seine bloß fürgebne aigne stuckh, aigenbrief, es sei im kauffen oder andern verenderungen, aufgericht und geben werden, bis die grundtherrschaft solche stuckh ihnen für aignen bestehen thuet. Solchergestalt wurde man allerlai hinderlist und betrug verhüeten könden, und ligt diesfahls vil daran, das man sonderbare obacht gebe, auf den vleiß und treu der guettprobst.

CAPUT VI

Daß man aus den güettern nichts solle verkhauffen lassen, und wie es mit den leibsnarungen möge gehalten werden

Gleich wie oben vermelt worden, daß mit guetem nuz, zwar nach gestalt der sachen, durch erkauff- und einlegung der äugnen stuckh, die höf und güetter gebesserdt werden, also ist ein gegenspil leichtlich zuerachten, daß wan man von den güettern, gehilz, wis und äckher verkauffen oder in ander weg verendern lest, solches mit schödlicher schmöllerung der güetter beschechen mueß, es weren dan solches wichtige ursachen obhanden, die nit allain dem underthon, sonder auch dem grundtherrn zu guetem kommen, als bevorab ain teusch und wexlen beschechen kan, solle man darauf guete acht geben, und alle umbständt wol bedenckhen.

Ein gleiche mainung hat es auch mit den leibsnarung oder außnamb gründen, die ohne sonderbare ursachen und sonderlich ohne von handten gegeben revers nit leichtlich sollen verstadet werden, sonder man solle hievon sovil möglich die leibsnarung leuth abweisen, weillen villermainung auch thails habender erfahrung nach, dem grundtherren sonderlich, wo man nit vleissig aufgesechen, starckhe praeiudicia hieraus ervolgt, in deme etlichmahln solche außnamb gründt hernach von den nahrungsleithen oder ihrn erben für aigen verkaufft worden, und gar aus den güettern und ander frembde herrschafften kumen sein. Das man den ybergebern oder außnambsleithen, aus den güettern allein ein gewises gelt, traidt, ein sackh schmalz, milch oder die völige cost und tisch mit den ybernemmern sambt der herberg etc. bewilligen thue, und dis nit allein darumben, da mit kain betrug der grundtstuckh halber, wie obvermelt, fürybergehe, sonder auch daß die güetter allezeit ganz und unzergenzt verbleiben, also hievon sonderlich die traidtgelten mögen von jedem guets besizer desto richtiger und gewisser ein dient und entricht werden, auf solche weiß wurde auch das grundtbuech bey seinen würden desto aigentlicher könde erhalten werden, und da ye die leibsnahrungs leith ihnen ihren aignestuck, so sie zu dem hof oder gueth ein zeitlang baut haben, vorbehalten, solle man doch dahin trachten und gedacht sein, das nach absterben der nahrungsleith getachte aigne stuckh bei den güettern verbleiben, und nit durch andere erben und fraindt hinweege gerissen und mit schaden von den güettern genommen werden. Gleichfalls solle man leichtlich weder hueben noch sölden zu veldt güettern oder zubau in ander sonderlich frembde höf und güetter legen, und die heuser und hofstath davon verkhaufen lassen. Die ursachen sein aus dem particular casu, so sich mit der haubt zu Hausen bey Hegnenberg begeben, wol abzunemmen, und ist hiervon weiters vil zumelden unnotwendig.

CAPUT VII

Höcherung der stüfft und gilten betr.

Es solle auch hiebey angedeut werden, das wie wisslich und saalauch stüfftbüecher des closter underthon etliche höf, wie auch güetter und sölden, gar umb ein schlechte gilt besizen und geniessen. Da sie doch von billigkeit wegen wol ein mehrers geben und ein dienen sollen, weillen sich aber die noch in habende leibgeding wie auch die durchgehende und veranlaite freystifft nit höchern lassen, also mueß man bei den neustifftern, und verenderung der güetter auf andere taugliche mitl sonderlich, wo die underthonen anverlaithe freystüfften haben, auf die abstiftung, bevor wan sie beiden neustifften die güetter so gering und schlecht, ihrem brauch nach, schezen und anschlagen, gedacht sein, und trachten, wie daß was vor villen jahren beim closter ybersechen worden durch gebürende, aber nit zu scharpfe sonder leidentlich und billiche mitl wiederumb herzubracht werde, doch mues man mit den abstifftungen für sichtig handlen, und zuvor sechen, ob man ainem andern stüfftman haben könde, der das gueth mit einer billichen höcherung, umb ein gebürenden werth widerumben annemmen und kauffen thet, damit der herrschafft nit mit schaden in hent bleiben thue, aber es ist wol zugedenckhen, und genzlich zuverhoffen, wan dergleichen güetter durch todtfahl ledig und verendert werden, das von selbigen sonderlich die kinder und negste erben nit leichtlich sich völlig und würckhlich abstüfften und aufsezen lassen, sonder thue ihr eusseristes, damit beim guet zubleiben haben, mit denen dan allem verhoffen nach, den rechten und echten und der billigkeit gmeß, der abstifftung und darauf vollgenden höcherung halber, wolzhandlen sein wurde, als zu einem exempel, wan man dergleichen Erben den herrngunst abstüfft, und lest ihnen das guet widerumb zu leibgeding, auf weing oder vil leib, nach gestalt der khauffsumma, in diesem fahl kan man die gült wol höchern. Da solche höcherung in der neuen oder haimbgefahlenen leibgedingen giltig, aber in den anverlaiten freystifften nit, und da man ye hierinen anstehn, könde man allezeit mehrer sicherheit halber des closters bestelten advocaten, oder einen andern hierinen erfahrnen und practicierten rechtsgelehrten, wie auch die benachbarte landtständt, wie sie es dis fahls halten, zu recht ziechen, also daß hiebey ein vleissiges aufsechen sonders notwendig.

CAPUT VIII

Von bestellung der guetbröbst

Über oberzeltes alles, ist wol zu besorgen, es werden angedeithe guetachten schwerlich oder doch mit schlechtem bestandt zu werkh mögen geraicht werden, man thue dan gewise underschidtliche, gethreue und solche guetpröbst verordnen, die den güettern nachsechen, und auf alle verenderungen selbs oder durch mitl persohnen acht geben thuen, damit aber ye jelicher guetprobst seiner verrichtung aigentliche wissenschafft habe, und sich auf ain oder andere für ybergehende nachlessigkeit mit der unwissenheit nit zuentschuldigen habe, solle ihnen allen und jeder in sonderheit nach gestalt der underhabenden güetter, ein ausfierliche instruction wie und wessen sie sich zuverhalten haben, zugestölt, hingegen was sie für ihr miehe und arbaith zugewartten, und also von den underthonen oder herrschafft einzunemmen haben, ein gewisses, (daryber man sich dan beratschlagen sol) bestimbt und benent werden, weillen jeder verstendiger wol erachten kan, daß niemandts gern umb sonst dienen oder arbaithen tueth, es wurde villeicht auch nit unratsamb sein, wan man hierze nit fürnembe pauren, so tag und nach mit ihrem haus wessen zuschaffen, sonder mitlmessige söldner die obbemelten mit vleiß abwarden könden, brauchen thet.

CAPUT IX

Wie es mit den cassen geföhlen und sonst allerlai traidt einamben und ausgaben möge gehalten werden

Es ist in negstvorgehendem capitibus nach lengs angedeith worden, das man bey des closters höf und güettern sonderbar in acht nemmen solle, wan beinebens auch die lobl. landtrecht sonderlich ein titl, von der grundtherrn gerechtigkeit, so sie bey ihren güettern haben etc. hievon, und wie man mit den underthonen halten solle, ausfierhliche meldung thuen, also hat man diß orts ferer nichts davon melden wollen, sonder solle an iezt allein anregung beschehen, wie man daß jenige traidt, also von des closters höf und güetter, oder den darauf sizenden underthonen eindiennet, thails auch beim closter und dessen schwaigen erbaut wirdt, ein nemmen, aufbehalten und abgeben solle.

Sovil demnach erstlich die einnamb an allerlai getraidt betr. thuet, ist zu wissen, das alle underthonen und stüfftleuth, so traidt diennen, nach den Münchner schäffl vermög ihrer habenden stüfftbrüeff ein diennen miessen, dahero die M. und maß darauf gericht, und jede prenten, wie mans disorts zu nenen pflegt, 6 Münchner mezen halten tueth, auf die prenten oder Münchner schafl geben ermelte underthonen samendlich altem schuldigen brauch nach, für das casten aufmaß an schweren traidt als kern, roggen und gersten, so mit dem prigl gestrichen wirdt, ein halben mözen, und habern, so man allein mit der handt abgleicht, anderhalben mözen, damit man aber am ausmösen und abrechen nit leichlich wer, und kainem tail zu kurz gescheche, hat man ein aigentliche und gewise resolution von der prenten auf schäffel gericht, welche ein castner allezeit bey der abrechnung vor augen haben solle, damit er schleinig auch sicher darnach mit der rechnung verfahren möge.

Es ist auch vonnötten, daß man alle jahr aufs weingst im herbst, wan man anhabt aufzudienen, die prenten und mözen nach dem hiesigen kupferenen marckht maß fleissig föchten und eychen thue, dan etlich mahln beschickht, daß sonderlich die prenten deichen und eingehen, dardurch sie zu klain, oder wan mans zulang braucht bevorab die mözen sich ausnuzen, das sie zu groß werden.

Neben dem ist wol acht zugeben, das man die underthonen dahin halte, damit sie allerlai traidt wolpuzt, schön und giltig aufdienen, auf das man es mit nuz verkhauffen möge, und nit daran schaden leiden miessten, und da es ye bescheche, das ainer oder anderer armer underthon kain bessers traidt als er es baut aufdienen, oder selbiges mit gelt zubezahlen vermöchte, als das man gögen einem leidenlichen und billichen aufmaß oder zugab gedachts mindergiltigs traidt annemen wolte, sonderlich wan man mörckte, das am buzen kain betrug oder unzulessiger vortl braucht worden, solle man solches traidt besonder schiden, und selbsten wie man ohne sondern schaden zuekumen kan, vormahlen und verbrauchen, oder umb einen billichen werdt absonderlich verkhauffen, damit man mit dem schlechten daß guete im keuffen nit verschlage, und aines mit den andern verdörbe. Dan die khaufleith oder traidthandlern ob sie an einer schith und hauffen nichts unheltigs und nüdergiltigs fünden, da solches beschicht, ob des bessern schon mehr, wollen sie doch nur auf daß schlechter den kauf schlüessen, und ist also umb dergleichen mischling und ungleichs traidt, hart ein nuzlicher und recht schaffener kauff zuträffen.

Es ist auch dis ganz wol in acht zenemmen, das man den underthonen die traidt dienst, wie auch andere stüfft und gilt, nit zulang und auf etliche jahr hinein borge, sondern alle jahr fleissig, wie obgemelt worden, mit ihnen abrechnen, die ausständt an sein orth verzaichne, und sovil möglich und zulessig besagt underthonen zur bezallung anmahne und treiben thue, da sie auch (sonderlich die grosse dienst auf ihren güettern haben) von jahr zu jahr etwas anstehn lassen, und fast niemahlen völlig aus zallen, solle man ihnen solches nit leichtlich gestatten, da man aber die völlig entrichtung ye nit gar erhalten könde, und bemelte underthonen erzelte ausständt nach der weil auf dem casten lifern wollen, solle ein castner allzeit sovil als hernach zalt wirdt, an dem eltisten ausstandt abrechnen und im ausstandtbuech austhain, dan einmahl gewiß, und man hats erfahren, wan ein underthon sein stifft und gilt die negstvergangne drey jahr richtig bezalt, die vorgehende virte oder fünfte gilt aber ganz oder zum thail anstehn lest, und selbige hernach durch ihne oder dessen erben und nachkhommen stritig gemacht, und der ausstandt widersprochen wirdt, das man bein curfrl. hofgericht die yber drey jahr austendige gilten nit erkhennen, es khönden dan der grundtherr solchen ausstandt mit zeugen oder schuldtschein, so er von underthonen hat, rechtlich, und zu genieg mehr glauben, und ins kunfftig desto besser darauf acht geben thue, hat man authoritatem D D: zu mehrerer nachrichtung hiebey sezen wollen, Anton Habriel: lib: 1 de probat: conclus: 11 dicit, quando quis probat tres solutiones ultimas, quod conservatur semper soluisse in praeteritum retro stiura et D D: ibi. Solutione trium annorum proxime praeteritorum, duplices emergunt effectus. quod quis expelli non possit et praesumatur retro semper soluisse Mascard: volum: 2: deprobat: conclus 604: n.15.16 in terminis Emphytheusis ecclesiastica. n.17

Aber es wirdt am ratsambisten sein, das man bey obbedeithen jerlichen abrechnungen aufs weingst im andern jahr, und wan die traidt ausständt zuenemmen, und zimblich groß werden, selbige zue gelt anschlagen, und nach beschaffenheit des ausstandts, und dahero schuldiger summa gelts, von den underthonen schuldt schein oder brief, so von jedes gerichts obrigkheit gefertiget worden, wie ein zeithero beschechen, begeren thue, und were nit wenig fürtreglich, wan die underthonen in gedachten schuldbriefen oder scheinen, durch ein sonderbare clausulam bekhenten, das der im brief oder schuldschein inserierte ausstandt von denen grundherrn öffters ein gefordert und begert worden, aber das ihme underthonen die erlag und richtigmachung aus gewissen und erheblichen ursachen und zuegestandnem unglich bis dato unmöglich gewesst sey etc., dan da dergleichen brief oder schein, zum fahl aines oder anders underthons gueth auf die gandt kumen solle, könde fürgewisen werden, wurde es dem gottshaus der prioritet halber vil nuzen und behilfflich sein, sonderlich weiln hiemit das aufs weingist etlichermassen bescheint mechte werden, was der § wofer: im Gant Prozeß tit: 2: art: 9 fol: 68: außweist.

Dritens, wan des ybrigen regenweders halber daß traidt ybl geraden tueth oder nit wol einbracht wirdt, und also an ihme selbsten raicht und zum verspaissen untaugsamb, dahero am pachen und kochen vast fliessen oder rinen thuet, das man alsdan solches unnuzes traidt verkhauffen und das ein vorradt behaltene mit nuz verspeissen könde.

Viertens ist wisslich, das die traidtkaeuff maniches jahr, so schlecht und das traidt so unwerdt, daß, wer es nit zubehalten oder aufzuschitten gelegenheit hat, selbiges umb ein spoth verkauffen oder in ansechung der verlag schier gar verschenckhen mueß, weiln aber aus abgehörten ursachen ratsamer, das man es dem gottshaus und den underthonen zu guetten behalten als verstandnermassen und so unnachtsamberweiß hinaus schlautere, dahero ist ja zu rathen, man thue mehrermelts traidt, sovil man kan, sollang und vil behalten, bis es mit nuz mag verspeisst, dem underthonen abgeben, oder verkaufft werden.

Fünfftes kan leichtlich beschechen, das dem gottshaus ein unbesorgte noth zuhandenstossen thüe, oder das man in ander nuzliche weeg einer starckhen summa gelts bedürfftig, damit man also nit gleich mit schaden und ungelegenheit gelt aufnemmen und schulden machen miesse, kan man aus einem solchen ergöblichen vorradt an traidt (sonderlich wan ein recht schaffene leistung an vich dazu kumbt) baldt gelt lesen, und dem gottshaus zu nuz hausen, welches

gewislich wan man nit allein an gelt, sondern auch an traidt und
vich allzeit bloß, und ausser der teglichen hauss noturfft nichts,
daraus man auf ein notfahl gelt machen kan, verhandten, nit geschechen mag, dan einmahl gewiß, wen man bey unssern Bayrischen
bevorab in dieser landts art gelegenen clostern nit auf allerlai
zuelessige und standtgemesser vortl mit traidt und vichlosung
gedenckhen, sonder nur von ainem tag zum andern leben, sich bloß
auf stüfft und gilt verlassen, und nur von beraiter zöhrn will,
daß es schmal hergehen und schlechtlich gehaust sein würdt.

Aber wie alles anderst, also mueß auch dis gott bevolchen sein,
an desen göttlichen seegen und genad zuvorderist, dan auch an
eines fürsichtigen herrn praelathens gueter disposition und eines
fleissigen und nach sinnigen procuratoris nuzlichen fürschlögen
und embsiger execution aller gueten ordnungen, gewislich alles,
sovil die oeconomiam belangt, gelegen sein wirdt.

DRITE OBSERVATION
berueht haubtsachlich des closters mayr- und schwaigwesen, veldtbau und vichzigl etc.

CAPUT I
Daß ein wolgeordnete mairschafft bey einem haußwösen nuz und fürtreglich sey

Das ein am traidt, heuwachs, wun und wayd, roß, vich, schwein und
schaffzigl etc. wolgeordnete mairschafft bey einem jegelichen
sonderlich grosen hauswesen nit allein wegen allerlai victualien
sonder auch zum traidt und vich verkhauf, also zue gelt lossung
nit wenig nuz und fürtreglich sey, ist mit vilen argumenten zuer-
zwingen vonnötig, sonder es gibts die tegliche erfahrung, und bey
etlichen fürnemmen haußhaben und clöstern, als dero verstendigen
und heuslichen vorstehern ybliche praxis gnuegsamb zuerkhennen,
in deme sie hievon nit allain mit den maissten victualien, und
was zum casten und khuchl gehörig guetermassen versechen sein,
sonder noch hieriber bevorab an roß und vich jarlich etwas nambhaffts zuverkhauffen haben, mit welcher losung sie underschidli-
cher oblagen abrichten, und das, was derentwegen an dem bestendigen einkhommen und underthons gefehlen eribrigt würdt, zurugs legen, oder in ander nuzliche weg an wenden köden.

Waß es aber mit unserem closter Diessen dißfahls für ein beschaffenheit habe, und was man sich derentwegen zugetrösten, ist hernach in underschidlichen capitibus zuvernemmen.

CAPUT II
Wasz haubtsachlich zu einer nuzlichen mairschafft gehorig, und
daß die hierzue notwendige requisita sich bey des closters mayr-
und schwaygwösen guetermassen befinden

Es ist in allweg zuwissen vonnöten, das die jenigen, so ein rechtschaffene und nuzlichen mairschafft anzurichten gedenckhen, dis
vor allen in obacht nemmen miessen, daß nemblichen gedachtes
mair- oder schwaigwösen an solchen orthen und landtsgegenden angericht werden, da der traidtboden oder felder, wo nit zum trach-

tigsten, doch mitlmessig seyen, also das sie aufs wenigist allerlai speistraidt, als roggen, gersten und habern, wol und gern tragen. Item daß schöne gelegenheiten zu roß und vichzigl verhanden, darzue dan von gueten zug trächige änger und ehegerten guete wismath sonit saurs und miesigs hey geben, genuegsambe und nit zuweith entlegne roß und vichwaidt, auch frisches waser vonnöten sein etc.

Wan dan bey des closters mair- und hofgebeu, wie auch bey dem darzu gehörigen schwaigen, die velder der guete nach also beschaffen, das wan man sie gebürendermassen zafft und baut, allerlai traidt nach beschaffenheit der eckher gern tragen, zu deme die änger und ehegärden, da man ihnen der noturfft nach abwahrt, guet und drachtig. Neben deme auch die wismader an ihnen selbsten austräglich geben maisten thails hartes und truckhnes, doch für roß und vich guet und fuetermessiges hey, sovil die waidenschafft anlangt, hat man derselbigen ein geniegen und sonderlich zu truckhnen jahrn zimblich guet. Als da ist am waldt oder spindler für das galdtvich und oxen, alda man in die 70 stuck abwaiden kan, und den ganzen sumer niemahls in die ställ haimb treiben darf, bevorab wan man den trib nit fast verwaxen last, für daß khüevich aber als auf ungefahr 40 rinder, hat man nit allein im gemain trib, sonder auch anjezt in dem hierzue verordneten und bey St. Marthin gelegenen wißmadern gnuegsamb und zimblich guete waidt, dahin das vich nit weit zugehn hat, also das man den ganzen somer dem vich sambentlich (ausser des mastvichs) nichts in parmb geben und ein grosen darf, zu deme hat man auch für 15 follen oder waidt roß, auf dem Diessermos neben der burgerschafft trib, genuegsambe waidt, und wachsen darbey iungen und feürendte pferdt schön und wol.

Eine gleiche gestalt hat es auch mit der waidenschafft bey des closters beeden schwaigen, und ob zwar die waidt zu Axelschwang etwas engers und wenig als zu Tann, hat man doch den vortl, das man die dahin gehörige oxen und stier, den somer an dem Spindler neben dem closter vich bis dato etlich jor herro beschechen, treiben kan, welches gleichwol jezt wegen der zu Aichberg habenden waidenschafft nit sovil vonnotten haben, also auf solchen fahl das ybrige vich und roß dahin bey der schwaig waidt genueg, sonderlich weiln selbige mit erkhauffung etlicher wismader zimblich erweitert worden, so auch am gewex süesser und kröfftiger als zu Tann und mögen auf ieglicher schwaig uber die notwendige zug roß zigl sehr dienstlich, neben ihren fillen abgewaidnet, und yber wünter gefietert werden. Zu deme, daß man sommer und wünter bey dem mairhof und beeden schwaigen ein zemblich starkhe anzahl an schaffen und schwainen, so zum notwendigen gebraucht, auch ierlichem verkhauff, nit wenig nuzen, alle jahr halten und abwaidnen kan.

Weiln dan vor diesem die jezt erzelten schone gelegenheiten, bey deß closter mair- und schwaigwösen schlechtlich oder doch weiniger als jezt in acht genommen, besuecht und braucht worden, sonder dabey ein zimbliche unvolkommenheit, darumben daß die mairschafft zu klain und unausträglich gewest, sich befunden hat.

Also damit dieses **mair- und schwaigwösen** zu einem recht nuzlichen gebrauch gereicht, und daß, was man gedachte mairschafft umb ein namhafftes vermehrt, dahero tails von vorigen herrn praelathen alienierte feldstuckh und gründt, widerumben herzuegelöst, tails auch frembde grundstuckh herzue kaufft, und die verhandene umb ein nambhaffts verbessert worden, zu welchen dan der damahlen verhandene und gottlob thails glickhlich verrichte pau, damit man nemblich sich nit allein mit zug- und wagen pferdten, deren man vil bedürfftig, darumben daß man keine scharwerch fuehren gehabt, noch braucht, sondern auch wegen starkhen und täglichen gebrauchs des schlachtvichs milch und schmalz etc. bevorab mit dem neu angefangnen preuwesen desto besser versehen, und man in allem ergiblichen vorradt kommen könde, nit wenig ursach geben, und sein durch soliche mehrung die ehehalten, pferdt, und was beim mairwösen zu thuen, erst recht occupiert, auch alles nit allein zu notwendiges underhaltung, sonder auch an traidt, roß und vich, zu nuzliche einnamb und losung sonder flaiß gericht worden etc.

CAPUT III

General guetachten, das mair- und schwaigwösen betr.

Ob zwar vorgehendem capitl zimbliche andeitung beschechen, was zu einer nuzlichen mairschafft aigentlich gehörig sey, so ist doch hiebey wol zuerwegen und zu bedenckhen, daß ein jegliche mairschafft, so nit allein auf den lust, sonder auch einen fürtreglichen nuz angestölt worden, nit zu klain und engfengig sein solle, dan auf solche weiß wurde sie den pau- und uncosten nit ertragen, und man dabey nit wol sovil erhalten und erbauen könden, daß man die ehehalten und taglohner davon abrichten möchte, beinebens auch aller gwin an roß und vich bevorab an traidt, außbleiben wurde, zu deme ist wol zuerwegen, daß man bey einer rechtschaffen und nit zu klain angestölten mairschafft die jenigen ehehalten, so man zum veldtbau allein braucht, nit weniger auch roß und geschier rechtschaffen mit der herrschafft nuz occupiern und brauchen könde, da sie sonsten, wie man zum thail erfahrn, mit schlechter arbaith sich behalffen, die zeit verzöhren, auch kost und lohn kam halb verdiennen, und da man sich auf solche weiß bey einer rechtschaffnen mairschafft vom veldtbau etwas nambhaffts an traidt zugetrösten, könden die sachen mit vortl dahin gericht werden, daß man das haußwösen, von den beim mairhof und beeden schwaigen erbauten, wie auch den zechenttraidt, so nach der garb auf veldt gefechsnet wirdt, außhalten, und hinbringen, hingegen daß gilttraidt verkauffen, und zu gelt machen konde, anderer vortl so man, sonderlich an schlacht vich, milch und schmalz hat, zugeschweigen. Welches bey einem zu klain angestölten mairschafftl nit beschechen konde, dabey man ein als den andern weeg der taglich und underschidlich fürfallenden extraordinari und zum bauwösen nit gehörigen arbaithen und fuerwerk, der ehehalten und menroß nit enthratten kan.

Aus diesen und andern ursachen dan ist ervolgt, das man sich entlich jahr hero, sovil man köndt bearbaitet, damit die beim closter verhandene mairschafft und beede davon entlegne schwaigen als Tann und Axlschwang, nit allein an veldern, engern und wiß-

mädern vermehrt und gebessert, sondern auch alle drey, mehrern
nuz und gelegnheit halber bevorab den roß und vichzigl betr.
gleichsamb in ain corpus und verainstes wesen zusamen gezogen und
vormiert wurden, welches dan guetermassen beschechen gewest, dan
auf solche weiß subministriert eines dem andern underschidliche
vörtl, und was bei einem abgehet, ist bei dem andern zu fünden.

Alß zu einem exempel bey dem closter oder dessen mairschafft, dabei man nit wenig roß braucht, ist bis dato kain roßzigl verhanden gewest, hingegen hat man dergleichen zigl bei beeden schwaigen haben konden, also daß man nit alle fuehr- und reitroß erkauffen dörffen. Gleichfahlß bei der schwaig Axelschwang hat man sonderlich ein zeithero als man das zechentstro von Oberschondorf thails auch Utting alda gebraucht, vil vich und weing waidt gehabt, beim closter aber befindt sich zum thail ybrige waidt, dahero hat man sommerszeit das Axelschwangerische galt vich etliche jahr hero heroben amb waldt oder Spindler abgewaidnet, welche communication und abwexlung dem closter ins gemain wol bekhumen, da man also des mair- und schwaigwösens rechtschaffen geniessen wil, wirdt hoch vonnötten sein, daß ein jeglicher des gottshaus procurator oder weme dergleichen hauswirtschafft anvertraut ist, sich sonders beflisse, damit bey diesen obvermelten drey mairschafften aines ins ander gericht, und aus dreien gleichsamb ain corpus formirt, auch also jeder zeit in gueter ordnung erhalten werde, daß aber jezt erzölte verainigung des mair- und schwaigwösens nit allein schön und füeglich, sonder auch nuz und notwendig sey, ist aus nachgesezter hypothesi noch mehr als erst angedeith worden, abzunemmen.

Gesezt ein des gottshaus procurator stehe in disen gedanckhen, es weer gewaltig guet und nuzlich, wan man bey des closters mair- und schwaigwösen die sachen dahin richten könde, das man nit allein die notturfft an rossen und ein genuegsambs auskhommen an schlachtvich unerkaufft haben, sonder auch etwas ergiblichs an roß und oxen zum verkauff und geltlosung jerlich richten konde, weiln aber jeglicher der dises vorhabens ist, bald sechen und erfahren würdt, daß ein solchem zigl und vorradt an roß und vich die mairschafft beim closter oder der mairhof allein nit ertragen kan, also mueß er ja gedenckhen, wie er den abgang von den schwaigen her ersezen möge, und trachten, daß jedesmahl ein zimblichen anzal oxen bey den schwaigen erziglet, und bis sie der ordnung und den jahrn nach auf wenigist daß fünffte jahr alters erraicht haben, beim schlechten fueter oder wißheu und haberstro gefüetert und herziglet werden. Gleichfahls auch miessen die jungen fihlel bey den schwaigen, wo sie gefallen, bis ins ander jahr erziglet, hernach aber oxen und fihlel bey dem mairhof mit guetem hey und gruemath etc. zu disem vortl dan alberaith sovil änger und ehegartten erkaufft, und von neuen aufgefangen worden zum verkauff gericht werden. Aus dieser ainzigen demonstration kan man bey bemelten mair- und schwaigwösen also commonicatione und ordenlich procediern teth: welches gewillich auf wenigist wolvermuetlich nit beschechen wirdt, wan man der mair und schwaiger als offt dem verstandt nach schlechter leith aigensinnigen wol auch aigennuzigen fürschlägen allain und unbedachtsamb volgen solle, weiln gewiß, und man es zum thail mit schlechtem nuz erfahrn, das die schwaigen nit vil nach den stuethen und oxen davon oder daraus man gelt lesen, und nuz schaffen kan, fragen, sonder vil mehr nach einer starkhen anzall khüe trachten und das beste heu und gruemat damit verfuetern und zwar darumben, damit sie nit allein mit der schmalzsamblung bei der herrschafft ihrn wochen nach wolbestehn, sonder auch ihnen selbsten mit allerlai wol auch schlecherhafften speissen wol abwartten konden, dessen was sonst an milch und schmalz dahinden bleibt zu geschweigen.

Ob aber daß nuzlich gehaust sey, wo man haubtsechlich und fürnemblich auf schmalz, ayr, gefligl etc. sonderlich bey dergleich haußhaben darin herrschafft nit selbs teglich auf solche sachen, die geschwindt verzuckht oder verschlecht sein, acht geben kan (der weiber art nach) als traidtbau und roß auch vichzigl unachtsamb bey seits sezt, kan jeder verstendiger oeconomus wolerachten.

Aber es ist auch dis hiebey wol zu beobachten, daß wo man die mairschafften zu gar weitschichtig und yberlesstig anricht, sonderlich wan man sich mit vich und roß yberstölt, als das man khauffen mueß, daß hievon mehr confusion und schaden als nuz und gewin zugewartten sey, und ist hierinen, wie in all andern sachen daß mitl also auch die gelegenheit jedes orths am maisten zu observiern.

CAPUT IV

Daß die mair- und schwaighöf mit gueten ehehalten, nuzbarn roß und vich, wie auch notwendigen paufarnuß sollen versehen und beschlagen werden

Gleich wie bey einer jeglichen handtierung und gewerb ein rechtschaffene verlag, da man anderst etwas ergibigs gewinnen und dabey erhalten will, notwendig, also ist auch vonnötten, das man mair- und schwaighoff mit gueten und taugsamben ehehalten, und wegen des zigl schön und nuzlichen roß und vich, wie auch mit notwendiger paufahrnuß als wägen und pflueg etc. der notturfft nach beschlagen thue, dan da an solchem ein mörkhlicher abgang oder mairschafft gewißlich wenig geniessen. Daß aber wie bey allen handtierung und gewerben, also auch bey den mairwösen und feldtbau, nechst gott ein allzeit guete und rührige disposition und anordnung, neben einer rechtschaffenen plag, höchst notwendig sey, ist jedem hierinen erfahrnen oeconomo unverborgen.

Hiebey mechte gleichwol gesagt werden, es sey zwar nit ohn, daß nechst den gnaden gottes ein guete und embsige disposition und anstöllung bey dem mairwösen alzeit nuzlich sey. Aber mit der verlag sey es mußlich und gefährlich, dan leichtlich beschechen kan, daß man sich allerhandt fahrnuß bevorab roß und vich gar zuvil costen last: als zu einem exempel, man will ein gestüedt von schönen und hochgiltigen stueden anstöllen, ist die frag, ob ein solches gestüedt nit mehr coste als mans geniessen kan, hierauf würdt haubtsechlich sovil geandtworth, es ist unwidersprechlich war, daß man auf die verlag wol acht geben solle, damit nit mehr hinaus als herein gehen, aber solches kan zum besten observiert, und wo man felt, geendert werden, wan man nach deme die schwaig und mairschafften recht einnamb und außgaab ordenlich und jerlich rechnung hölt, sonderlich wan man alle 3 jahr ainmahl, weil die jahr ain feldtbau und vichzigl oder losung ungleich das mitl heraus nimbt, und auf das was zu gewin oder verlust geht und bleiben thuet, acht gibt, würdt man den ausschlag in wenig jahrn finden, und wie den sachen ferers zu thuen sey, auf daß particular dubium aber, daß es geferlich und unradtsamb sey wan man iber kurz oder lang ein gestüedt oder roßzigl von schönen und hochgiltigen stüethen anstöllen wurde, wirdt nachvolgenderweiß geandtworth.

Es ist wahr, und lang der brauch gewest, das ein von arth schönes und gerechtes mueterpferdt mehr lost als ein gemaine und frombliche stueten durch vortl und aufmörckhen, wolfailer, als ein gemaine gurn erkhaufft und bekhumen würdt wie mit practicierten exemplen zu bescheinigen were.

Gesezt aber, wan man ye stuethen erkauffen mueß, es ybertreffe die schönne, von neopolitanischer oder anderer außlendischer art, ein ungestalte gemaine paurnstueth, im werdt umb 20 oder 30 fl., hat man doch dabey zu hoffen, daß ein ainziger foll, so von einem dergleichen schönen mueterpferdt erziglet würdt den yberschaz als besagte 30 fl. gleich bezalle und guetmache, wol auch das was die stuethen darvon er gefallen ganz cost, zallen tueth, und hat man die stuethen sambt dem davon nachvolgenden zigl zum besten.

Daß aber deme also sey, und oberzeltes leichtlich beschechen könde, auch sich dergleichen mit des closters gestüedt vor diesem begern hab: ist aus nachvolgender demonstration handtgreifflich abzunemben. Anno 1625 hat man auß dem Fillischen mairhof zu Windach ein drei jerige tragende stuethen so neopolitanischer arth und von herzog Albrechts gestüeth herkumen, zum closter khaufft P. 46 fl. Von diser stuethen ist hernach anno 1629 ein drei jarige foll P. 100 fl. dem jezigen Grafen von Toring etc. zu Seeveldt verkaufft worden. Item ist gedachtem herrn Grafen von besagter stuethen der gleichen foll so nit gar 3 jar alt gewest, anno 1630: P. 100 fl. verkaufft worden. Es haben auch die schwedischen reutter von dieser Windacher stuethn ain drei jerigen follen, so weit schöner und anschlicher als die zwen erstgemelten gewest, hinweckh genomen, den jederman so ihr gesehn und sich auf die pferdt verstanden hat 100 Reichstaller geschezt. Neben deme haben auch die schwaigen ein von bemelter stuethen jeriges gar schönes stuet fille geraubt, so man under 50 fl gewiß nit hete khauffen könden, also daß die offtbemelte stuetten, ausser das sie bey gemainem fuetter und groß waidt, wie andere zugroß zu Tann, sommerszeit zu feldtarbaith, den winder aber beim closter zum stain- und holzfiehrn braucht worden, allain vom zigl in den ersten 6 jahrn, da sie khaufft worden, in die 400 fl., da die soldathen nicht geraubt hetten, were zugemessen gewest. Wer will sich dan yberröden lassen, das man auch von einer unärdigen groben paurngurn, ob sie zwar umb etlich gulden weniger als oberzelte fillische stuethen cost, in bemalter zeit eine solche losung giltigen und schönen zigl dahero so anschliche föllen haben könden, und ist gewiß, das ein dergleichen gemaine stuetten dem fraß und fuetter nach eben das oder sovil, alß ein schönes mueterferdt, wil mans anderst brauchen und mehnen wündter und sommer bedürfftig, wan demnach die consequenz balt gemacht, und der außschlag gefunden werden, waß nemblich ein guete disposition und richtige verlag beim mairwösen nuzen und fürtrag thue.

CAPUT V
Von den zum pauwösen gehörigen ehehalten und was deme anhengig

Ob zwar bei jedtweder hauswürtschafft, sonderlich bey den mairund schwaighöfen, ein guete und richtige disposition nit wenig auch ein notwendige und ergibige verlag hochvonnötten, so kan doch gedachte disposition und verlag ohne ein fördige und wirckhliche execution der gefassten concept zu erwinschtem endt und zill nit gelangen, welche execution allain durch guete und gethreue ehehalten, und handtarbaither beschechen mueß, ist demnach wol acht zugeben, daß man sovils sein kan, nach solchem ehehalten trachten, die vor allem ein guete naigung zur andacht und einen erbarn und züchtigen wandel haben, die getreu und arbaitsamb, fridlich und nit unruebig, wie auch eines zimblichen und gueten verstandts sein, also daß sie die ihnen anvertrautt und vortl zuversichen wisen, auch sonst von meniglich ein guets lob haben, und weiln hieran nit wenig gelegen, hat man diesfahls auch das zugedenckhen, das hingegen dergleichen guete ehehalten mit cost und lohn auch in ander weeg also gehalten werden. Damit man sie in gebürender lieb und fürcht gegen ihrer herrschafft erhalten thue, solcher gestalt sie dan ihr arbaith mehr auß lieb und gueter affection als getrungner und zwungner weiß verrichten werden, die besen und schödlichen oder unthreyen ehehalten aber sollen zeitlich und aus bedenckhlichen ursach, sovils sein kan und mag, glimpflich aus gemustert und under den gueten nit gestatt werden. Insonderheit aber solle dis wolerwogen werden, daß man nemblich nit einen jeden zu einem mair oder schwaiger an und aufnemmen thüe, der gelobt und geruembt wirdt, als das er frumb, arbaitsamb, heußlich und gespärig, auch ein gueter ackherman sey, ob zwar dises alles hierzue vonnötten, so mueß doch auch dise, sonderlich bey einem mair findig sein. Daß er nemblich verstendig fürschlegig sey, also daß er einer solchen mairschafft als ihme etlichermassen anvertrauth würdt, wol und nuzlich vorzustehn wisse, der auch nit allain auf das acht habe, was man ihme gleichsamb in die hendt gibt und waß ihme, wie man sagt, vor der nasen ligt, sonder wisse, allerlai zum haußwösen nuzlich und notwendige vörtl zuersinen, und was nit allain heut und morgen sonder auch konfftige zeit und auf etliche jahr hinein ain ackherbau, roß und vichzigl nuz oder schad sein mechte, wol zurwögen, und also das guet zubefürdern und zuvermehrn, was bös schödlich aber sein mechte, zu verhieten und selbigen zeitlich vorzukhommen wisse.

Weiln auch zuvor meldung beschechen, daß nemblichen ratsamb were, wan man auß dem mairhof und beeden schwaigen, sonderlich des roß und vichzigls halber, gleichsamb ain corpus und ain ding machen thet, dahero wurde auch nit unratsamb sein, daß man inskunfftig, wan es wohl sein würdt könden, und die mairschafft vollig würdt angericht sein, einen aignen und hierzue taugsamben gesindlhofmeister wie auch anderenorthen beschicht, bestölt, und ihme nit allain die inspection iber alle bey dem closter verhandne gemaine diener und ihr verrichtung, sonder auch die notwendige obacht bey allen drey mair- und schwaighöfen anbevolchen hette. Und zwar solcher gestalt, das wan ein procurator, deme die haubtsechlich disposition und direction obligt, mit vorwissen oder aus bevelch des herrn praelathen in wichtigen sachen, was ordnen oder bevolchen wurde, der hofmaister zum offtern mahl die schwaigen visitiern und sechen thet, ob deme, was in ainem oder andern bevolchen worden, ein geniegen beschechen oder nit, und dieses darumben, dieweiln ein procurator solche notwendige visitationes in der persohn selbs zuverrichten, nit alzeit weil und gelegenheit hat, die doch von ihme nit ganz und gar underlassen oder zulang sollen verschoben werden.

Des hofmaisters inspection und obacht aber, so er bei beeden schwaigen haben würdt, solle dahin verstanden und gemessigt sein, daß er haubtsechlich acht gebe, wie die schwaiger dem veldtbau mit ackhern, eggen, ärdnen und seen abwarthen, ob sie wismath und änger, zein und köger, bei gueten würden erhalten. Item ob sie nit allerlai sorten roß und vich an der zahl auch wart und füeterung, der general disposition gemeß verfahrn, dabey auch hey und stro, nit wie sie die schwaiger wollen, sonder von einem procuratore wolbedechtlich geordnet und bevolchen würdt, zu nuz gebrauchen und antragen thuen, im ybrigen solle sich ein hofmaister der andern haus geschefft, sonderlich was einer schwaigerin maistens anvertrauth ist, als milch, ayr, schmalz etc. oder wie man die ehehalten tractiert und speise, auf welches ein procurator oder kellerer acht geben und fleissig nachfragen solle, nichts anfechten lassen, dan hiemit wurde wenig außgericht, sonder vil zankh und zwitracht verursacht werden, aus deme nichts anders ervolgte, als daß man im haubtwerth und wichtig sachen sich nit vergleichen könde, davon allerlai confusion und mehrer schad als nuz entstehen wurde, damit demnach oberzelts alles recht nuzlich und bestandig practiciert, und aigentlich zu werckh gericht werde, würdt negst göttlichen segens vil an eines wachtsamben procuratoris oder wem das mairwösen anbevolchen sein würdt, gueten direction und beschaidenheit gelegen sein, darzue dan sein gnad geben wolle, etc.

CAPUT VI

Vom feldtbau und was darzue gehörig

Die velder, enger und wismäder anbelangent, sein hibey drey ding insgemain wol ain acht zu nemmen, sonderlich sovil die velder betr. als erstlich das die äckher wol geärdnet, fürs ander wol tungt, dritens recht, und zu jedes akhers nottorfft, auch zu seiner und rechter zeit besambt werden.

Daß ackhern und eggen anlangent, ist wislich, daß des closter eckher **gueten** tails mit der scharwerch oder frembden pflig geackhert werden, weiln sich dan hiebey underschidliche ackherleuth befünden, also daß einer wol der ander ybel, dieser seüfft, jener dief ackhern tueth, welches dem veldern sehr ubl bekumbt, dahero ligt vil daran, daß ein mair disfals fleissig acht gebe, die unnuzen und schlechen ackherleith, da under unsern khnechten oder tagwerchern sich der gleichen befündig, underwiese, oder mit worden straffe, zum fahl sie aber den pauren zugehörig, mag er ihnen sagen, das sie ein anderesmahl dahaimb bleiben, bis sie das ackheren lehrnen, oder mit dem pflueg besser gericht sein, es mag auch ein mair gar wol der gleichen unbrauchsambe gesöllen oder paurn khnecht zu mehn brauchen und einen andern aus unsern tagwerchern, der besser ackhern kan, zum pflueg stöllen, da er aber disfahls die volg nit haben könnden, weis er die mangl einem procuratori anzuzaigen, sonderlich solle ein mair darob sein, daß die ackherleith auf jede art und zeit die rechte maß der diefe und seufften treffen, auch ein gleichait und nach beschaffenheit jeder ackhers ein gewise proportion akhern gehalten werden und solle offt besagter mair nit gestatten, daß die ackherleut feden oder liegen lassen, noch vil weniger gedulten und stillschweigen, wan sie den rain nit, wie sich gebürt, underfahrn und aus ackhern thuen, oder sonsten die furchen nit recht zusammen treiben, sondern wie die schwein in den äckhern umb wuellen, sonderlich solle man niemahls sovil möglich im regen und gar zu nassem oder gar zu truckhnem wetter ackhern und öggen, und da ye tails ackher, so wildt und vonnärdig wern, das man sie nit wol geschlecht machen könde, solle man dergleichen äckher, den sommer, so es anderst möglich, fünffmahl akhern, oder zu jeder art mit rissenen öggen wol zereissen, und also die starckhen hafft und graß wurzen heraus bringen, wan dan solches beschicht, ist wol zu hoffen, daß die traider schönder und lauterer alß bis dato, durch den segen gottes wachsen, auch zum mahln und verkhauffen giltiger sein werden.

Were demnach ganz ratsamb, wan ein procurator durch fleissiges nachsechen, fragen, sovil lehrnen thet, das er wusste, waß recht und wol, ybel und schödlich geackhert, und geärtnet sey, auch zu zeiten selb nach sechen und auf des mairs, als dißfahls aigentlichen inspectoris fleiß, auch der ackherleith arbaith achtung geben thet, weiln ye ainmal hieran vil gelegen dan wie die veldtarbaidt, also ist auch die ehrendt negst göttlichen seegens beschaffen.

Und weiln in dieser landsgegend in den traidtveldner das blose ackhern und eggen, gleich wie vleissig man damit umbgehe, nit erkläkhen wil, sonder ist es auch vonnötten, daß man die eckher bevorab an die man gewohnlich gersten baut, wol gailn oder tungen thue, also ist ein noturfft, daß man seche, damit allezeit zu samblung gedachten dungents ein gueter vorrat an streustro vorhanden sey, welches dan vorbeschechener massen, würdt sein könden, wan man jerlich in herbstzeiten etliche fueder moßstreu, oder lindts und hierzue taugliches weyer gerrör trachten würdt, so man gleichwol allain dem vich und nit den rossen, weiln es ihnen habender erfahrung nach schödlich, auch dem vich nit leichtlich lauter sonder mit stro vermischt understreyen solle, hiervor dan gueter und genuegsamber tunget kan bekumen: und die velder der notturfft nach mögen dungt und bey gueten würden erhalten werden.

Die besamung der bemelter velder betr. sein haubtsechlich 4 ding notwendig zu beobachten, als erstlich solle man wol acht geben, das sammen schön lauter und gerecht sey, fürs ander mueß man auch fleissig erwögen, wie der ackher, den man besechen wil, beschaffen sey, ob er an ihme selbsten naß und sauer, also wildt und unärdig, ob er auch wol oder übl zu feldt von oder gegen der sonnen ligen tueth, da also jezt erzelter beede beschaffenheiten oder auch nur aine aus beeden, ain oder der ander ackher halben solle, braucht selbiger nit allain mehr samben, sonder solle auch frier an der jarszeit als andere guete und im veldt wolgelegne äckher, besächt werden, zudeme mues man wol acht geben, waß jeg-

licher äckher für traidt am liebsten tragen thüe, mit selbigem
solle er billich besambt werden, und sonderlich ist zu mörckhen
notwendig, daß man alberaith ein lange zeit hero bei dem mairhof,
die gueten und truckhnen ackher yber wündter mit roggen, hernach
aber yber sumer mit gersten, zur beförderung des preuwesens, anbaut habe, die ybrigen ackher aber sein mit vösen und habern baut
worden, hingegen werden bei den schwaigen die velder maistens mit
vösen und habern anbaut, dritens ist die jahrszeit, ob man frühe
oder spath sechen solle, wol zuerwögen, hievon kain gewise regl
kan fürgeschriben werden, sonder muessen hiebey die beschaffenheit
des wetters, auch wie sich andere verstendige pauleith diesfahls
verhalten, in acht genommen werden, viertens solle man solche
leith zum seen brauchen die damit wissen umbzugehn, auch der äckher art und beschaffenheit ein genuegsambe wissenschafft haben,
dahero man bey dem closterpau nit gleich ein jeglichen tagwercher
oder bey den schwaigen jedwedern knecht zum seen brauchen solle,
sonder es sollen bevorab auf den schwaigen die schwaiger als die
des veldt am bösten acht wissen, selbst seen, da also auch disfahls ein guete ordnung und obacht gehalten würdt, ist zu hoffen,
gott werde auch seinen seegen geben, damit alle früchten wol geraden und dem closter gedachter veldtbau zu ersprüeslichem nuz
und wolfarth gedeuen thue.

CAPUT VII

Von engern, ehegarten und wismaden etc.

Sovil dan auch die enger, ehegarten und wismader betr. tueth, ist
gewißlich vonnötten, daß man ihnen gedachten ängern und ehegarten
nit allain mit fleissigen raumen, sonder auch notwendigen dung wol
abwartten tue, dan ob man schon zuezeiten etlich fueder dungent, in
mangl oder abgang dessen, so beim mairhof gesambt würde, kauffen
miesse, und zwar darumben, damit den veldern kain zu grosse abbruch hiemit bescheche, wurde doch solches kain schad oder ver-
geblicher uncosten, sonder ein mörckhliche vortl sein, weiln disfahls ain nuz aus dem andern entspringt tueth, dan richt und zafft
man die enger recht und wol, hat man vil hey und gruemath davon,
hat man dis, so man vil vich und roß halten, hat man vil vich, so
hat man hievon an milch, schmalz und andern vörtl, sonderlich an
geltlosungen vil zu nuzen und einzunemmen und mehrt sich der dunget, hat man aber dessen vil, so baut man mit der gnad gottes vil
traidt, das gilt sein gelt und fildt den söckhl, dient auch für
die mill, pfister und preuhaus gar wol, geschicht also, daß of-
termahln ein schlechte spesa oder verlag, die einnammen und nuzung, so sonst an ihnen selbsten nit so austräglich, mit auf-
mörckhsammen vortl, nambhafft mehrn und multiplicirn thuen.

Hiebei solle auch und zwar in specie gemelt werden, das man
gleich vor dem schwedisch einfahl ins landt das klozen feldt zu
Wengen, so von dem Caspar Zangen sellig alda zum closter erkaufft
worden, vom waldt bis an den fartweeg herab, mit gueten willen
der gemain zu gedachtem Wengen, einzeit und vergraben, also zu
einem anger gemacht hat (doch mit dem geding, daß nach dem lesten
mad der gemain der vichtrib in ermeltem neuen anger unverwohrt
sein solle), und ist man erstbedeites veldtl haubtsechlich darumben zu einem anger zu machen vorhabes gewest, erstlich dieweiln der ackher, uneracht sie sonst guet und täglich, herab

zum closter zubauen zu weit sein wollen, ob sie gleich wol zum kliensten gegen St. Alban gelegnen veldt habender erfahrung nach wol daugt hetten, fürs ander und sonderlich darumben, weiln man kurz zuvor umbweicht von besagten anger für des closters waidt vich, so an den waldt triben wirdt, ein aignen vichstadel oder hüeten, darunder es zunachts sizen kan, erbaut, in disem stadl könden jerlich vil fueder dunget gesamblet werden, mit welchen man alle jahr, wo nit den dritten, doch einen gueten thail ermelten neuen angers dungen kan, dritens hat man mehrerzelten anger darumben aufgefangen, auf daß man mit solchem heu und grumat, so hoffentlich guet und cräfftig alda waxen solle, die bein closter vorhandene waidt roß und stuethen bevorab die zum verkauff aufgestelte junge roß und fillel, wol abfüedern und zu einer ergiben geltlosung herziglen könde, zumahl daß ander heu und gruemaht, so zuvor zum closter gefechsnet worden, für die mehn roß, auch sonst allerlai küie und oxen vich mues verbraucht werden und obwohln gleich hieoben von dem dungen meldung beschechen, damit aber der noch unzaffte saure graßboden den dungent desto lieber und nuzlicher anneme, ist man willens gewest, windterszeit, wan es hett sein könden, ab den negsten, wie auch in der vichwaidt, wo man vorhin kolbrendt ligenden kolstöthen, vil fueder lösch oder schwarz kott hierzue, oder auf gedachtes wismath zufiehren, und was man anger mössig machen wil, zuvor mit solchem kott zu yberschiten, welches den müeß weckhfrisst, süessen und truckhnen boden dahero guet graß und klee ziglet, und obschon daß erste, ander oder auch drite dungt nit recht ergeben wolte, sol man darumben nit nachlassen, dan die zeit und öfftere actus richten etwaß aus, und ist disfahls der könfftige und imerwerende nuz zu bedenckhen, man zugetrösten, gleich nach dem ersten madt, wan es warme nöcht und truckhen wetter abgibt, ain als den driten oder vierten theil des aufgefangnen wißmaths absonderlich ein zuschranckhen, und das galt oder oxenvich, yber nacht darin zu spöhrn, damit sie es, wie mit den schaffen beschicht, abpferchen thuen, welches nit wenig nuz bringen und den boden baldt, sonderlich wan man zuvor wie bedeut worden, löschkhott darauf fiehren thet, geschlacht und träg machen würdt, was aber aus solcher beraitschafft für einnambhaffter nuz ervolgte und was man von einen so großem stuckh für heu und gruemat fexnen möge, kan jedweder verstendiger selbs erachten, dahero man sich den schlechten uncosten, so daryber gehn mechte, noch vil weniger miehe und arbait solle hindern lassen, sonder vilmehr die schöne und alberaith angefängne vörtl in acht nemmen, und erwegen, daß zu seiner zeit, und nit so gar yber vil jahr dises concept und fürschlag, nit allain uns, sonder auch und zwar noch mehr unsern nachkhömblingen also jedesmahls hiesigem gottshaus zu sonderm nuz und vortl geraichen werden.

Was man aber mit den ybrigen engern zu Füngen, Rambenthal und Aichberg, auch wegen verbesserung derselbigen, und anderer neuen auffängen fürnemmen könde, würdt konfftig und zwar an einem andern orth, davon gehandlet werden.

Es ist auch vonnötten, daß man vleissig acht gebe, damit die wismader sonderlich in der Liechtenau, so für das galt und grobe vich wol diennen, wie auch die wisen bey St. Martin, die man mit den khüen frezt, mit stauden nit verwaxen, oder da man die graben auf dem mösigen wismadern nit fleissig zu seiner zeit aufschlegt und raumbt, ersaurn und zu einem kunzen moß werden und verderben lässe, dan da solche obacht nit beschicht, und man den schlechten uncosten, miehe und arbaith sparn will, würd der abgang an heu sich von jahr zu jahr mehren, auch die fieterey saur und kunz, dahero das vich unfruchtbar und ungewechsig, also die losung und gewün schlecht werden, in summa was man auf dergleichen mair- und schwaigwösen rechtmessiger weiß anwendt, wans anderst nit bloß und allein wegen einer zier oder extra ordinari lusts beschicht, ist wol angelegt und bringt mit der zeit, obs schon nit gleich, daß erste oder ander jar beschicht, da mans offt nit spürt oder maint unaußbleiblich mit sich, doch solle man auch das mörckhen, daß man mit aufwendung dergleichen sonderlich reparations costen bedachtsamb verfahrn und umbgehe, dahero nit zvil auf ain jahr fürnemb und anhebe, sonder alles nach der weil richten, die arbaith und außgaben künfftig außthailn, und alle jar etwas sonderlich daß notwendig und unnuzlichiste fürnemmen und verbessern thue.

Auf obgedachte weiß würdt gleichsamb unempfindlich das, was alberaith die oeconomiam betr. zu seiner volkhumenhait und erwinschtem endt und zil khumen, bey seinen würden erhalten, daß ybrig und was noch unvolkhoumblich, mit nuz verbessert werden, dis alles aber könde gleichsamb mit einem sonderbaren lust und nit geringen vortl beschechen, wan man zu dergleichen extraordinari außgaben sonderlich daß mair- und schwaigwösen betr. ein gewise, doch kan nambhaffte einnamb, als zu einem exempel. Das gelt so man jerlich aus den schweinen und schaffen lest, verordnen und deputieren thet, nach solchem könde sich nit allain die herrschafft, sonder auch die officiales und dienner richten, und nach deme sie auch ein dahin proportionierte arbait selbiges jahr fürnemmen und anstöllen.

Es were auch dieser vortl bey solcher anordnung zu hoffen, daß man in kain haubteinnamb als stüfft, gilt, traidt, vichlosung unfürsehens und mit schaden greiffen dürffe, sonder wusste die herrschafft, bevorab ein procurator schon, wo er zu erstbesagten ausgaben und reparations costen das gelt nemmen solle, diese schöne und nuzliche ordnung und vorsorg verursachte gewißlich, das auch ein prelath selbst, zu geschweigen seiner officien, vil mehr und nach gedenckhens uberhaben und zum hausen ein rechten lusst und antrib, durch die gnad gottes bekhumen wurden, doch würdt dis, wie voriges alles, allain auf guetachten gestölt, und die wenigiste maß hierinen yemandts nit fürgeschriben.

CAPUT VIII

Von rossen und roßzigl, auch was deme anhengig

Daß man zu hiesigem closters an underschidlichen orthen habenden starckhen veldtbau, auch anderm täglichen fuerwerch einer zimblichen anzahl roß bedürfftig sey, gibt die unfelbare erfahrung genuegsamb zuerkhennen, dahero vonnötten, daß man allezeit bey gedachtem closter oder mairhof 4 mehnungen oder 16 starckhe und zu schwerem fuerwerch an haimbs und yberlandt taugsambe pfert, wie bis dato beschechen, am stall halten thue, weilen aber wißlich, daß des closters veldtbau mit erkauffung des hoffs Rambenthal, dan auch der Scheffflerischen und anderer feldtstuckh meher, der enger. egärten und wißmadern zu geschweigen. gar wol umb halb

vermehrt worden, also daß man die notwendige veldtarbaith mit
4 mehnung nit mehr neben anderm gleichsamb tägliche fuhrwerch
wie zuvor verrichten kan, wil man anderst besagten veldtbau,
sovil das mairwösen betrüfft, am mainsten gelegen, recht abwarden, und weil des closter laut habender frl. receß sovil berechtigt, das selbiges neben der hiesigen burgerschafft, auf das
Diessermoß, und wo sie die von Diessen sonsten ihrer roß waidnen: 15 : stuckh alt und junge roß treibn darf, damit demnach
disses erzelte privilegium non usum nit gar zu grundt gehe, und
alle veldtarbait der noturfft nach auch mit ertreglichem nuz verricht werde, solle man noch zwo mehnung von 8 waidtrossen beim
closter halten, darunter 4 geschnüdtne hengst und 4 stueden sein
sollen, diese roß und stueth kan man somerszeit jedesmahls auf
die besagte waidt treiben, und allain zum veldtbau brauchen,
wündterszeit aber mögen sie sie mit hey und gruemat derzu dan der
neue anger vom Schedlwalt vermaint worden, sambt wenig habern wie
auf den schwaigen beschicht, gefietert werden, und ist nit vonnötten, daß man auf gedachte 2 mehnung 2 aigne fuehrkhnecht halte,
sonder wurdt genueg sein, wan man ein starckhen bueben, neben einen ordenlichen fuehrkhnecht halt, die die negstbedeithe 8 roß im
sommer auf und von der waidt treibt, helt, und selbigen im windter neben besagtem knecht, sambt andern jungen roßen oder föllen
füetern und abwartten tueth, wan solches beschikht, wird man auch
ins konfftig bey der rennschmidten mit dem kol und holzfüehren
desto leicher vortkhomen mögen, darzue man dan nit wenig fuehren
vonnötten hat.

Es sollen auch auf den zum closter gehörigen schwaigen keine andere dan waidtroß gehalten werden, als erstlich zu Tann 4 walachte hengst und 8 fill- oder ziglstuethen, zu Axelschwang aber
6 dergleichen hengst und 6 stuethen, dieweiln zu jeztbesagtem
Axelschwang das fuehrwerch sumer und winderszeit erhalten mehr
und schwerer als zu Tann, zu deme alda des jungen geriß sovil nit
als zu erstgemeltem Tann, wegen der mastoxen kann windterszeit
erhalten und abgefiedert werden, doch solle bey jeder schwaig ain
oder zwen schönge zwayjerigen follen außwerts zeit auf die waidt
under die stuethen getriben, hernach aber, wan die hoz angehet,
und die stuethen werden unmueth haben, im stall bis auf den
herbst behalten werden, da man sie hernach anit winders zum mehnen brauchen oder aber verkauffen kan.

Wan dan obbedeiter designation nach, bey dem closter und dessen
schwaigen in die 18 ziglstuethen mögen gehalten werden, also ist
bey solcher ermelten gestüets zu wissen notwendig, daß hierzu
haubtsechlich drey ding vonnötten sein: Erstlich, daß man sich
sonderlich anfangs umb etliche wolerwaxen schön proportioniert
und fruchtbare, auch an augen und sonst gerecht und gesundte
stuethen, bewerben und den uncosten oder kauffschilling nit zu
hoch schazen und hierinen vörglen thue, dan ainmahl gewiß (wan
man anderst mit den sachen recht umb geth) daß solcher uncosten
die alberait oben ausfiehrlich demonstriert worden, in wenig
jarn mit dem seegen gottes ersezt und trifach herain bracht werde.

Fürs ander solle man allzeit beflissen sein und ein procurator
die anordnung thuen, daß durch die mayr und schwaiger die mueter
pfert jedesmahls zu seiner zeit mit solchem hengsten besambt

werden, davon an fillen etwas schön und guets zu hoffen.

Dritens, weiln auch vil der wart, fietern und nehmen gelegen, sollen die mayr und schwaiger fleissig darob sein, das, sonderlich die tregen stuethen bevorab in den wägen nit ybermehnt, oder yberlandt und zu schwern fuehrwerch gebraucht, gleichfahls in ackher nit zu fast ybertriben oder gejaget werden, und wan süe ye etwas ybermacht thuen miessen und haiß gemehnt werden, sollen die knecht, wan sie auspannen, ihnen nit gleich das fuedter fürschüetten noch vil weniger trinckhen lassen, sonder innen zuvor ein wenig heu fürgeben biß sye in etwas erkhüelen, dan sonsten und wan sie bevorab im wünter nur die zuelessige noturfft, aber zu kalt, trinckhen, leichtlich beschechen kan, das sie die fillel unzeitig von sich werffen, wie und wo man aber die fillel und follen sumerzeit abwaidnen auch den wündter füetern solle, und was auch wievil hievorn zur nottorfft zubehalten, oder zu erkhauffen und gelt daraus zu lessen, ratsamb sein mecht, würdt solches die zeit und jargäng unzweiflbar lehrnen, hierauf dan wol acht zu geben ist. Wann demnach ain oder anderer deme bey hiesigem gottshaus und closter die haußwürtschafft, also das mair- und schwaigwössen würt anvertraut sein, die gelegenheit und umbstänt, so sich die waidenschafften und fueterey bey besagtem mair- und schwaighöfen befünden, recht erwegen und in acht nemmen würdt, ist nit zu zweiflen, er werde ihme den roß zigl und zwar auf solche weiß wie andeit worden, nit mißfallen lassen und gewißlich im werckh erfahren und spürn, daß darbey kain schaden, verluest, wan man anderst hierauf wie vermelt, fleissige obacht haben, und alles in gueter ordnung erhalten thueth, sonder vilmehr ein gueter nuz zugewartten und neben der notwendigen und nuzlichen veldtarbaith auch anderm fuehrwerch jerlich in die zway oder nach mehr hundert gulden aus bedeitem geriß nach gestalt der jargang an barm galt zu lesen sein wirdt, da herro zu wisen, daß man sich in dergleichen mairschafftssachen mit eines jeden hierinen unerfahrnen ratgebers unbesunnen einfall und guetachten nie machen liesse, sonder thet auf alle umbstand wol acht geben, wurde gewislich alles mit der gnad gottes wol und stadt gehn.

CAPUT IX

Von oxen und anderm klovich

Es ist genuegsamb wißlich, auch zum thail negst vorgehend andeith worden, daß man ein zeithero den heuet bei des closters mair- und schwaighöfen umb ain nambhaffts verbessert habe, und mit der hilf gottes hinfüran noch umb ein mehrers beschechen solle, also weil ein noturfft sein, daß auch inskonfftig bei ermeltem mair- und schwaighöfen die anzal an vich, sonderlich an mastoxen, welche zu einer ergibigen geltlosung am fürtreglichsten sein, vermehrt, und deswegen ein guete und bestendige ordnung und abtaillung gemelten vichs fürgenommen, und alle zeit sovils sein kann und gott gnad gibt, erhalten werde.

Sovil demnach das mast und zum verkhauff verordnete vich belangen tueth, würdt vonnötten sein, daß man bei den mairhof und zum closter gehörigen schwaigen jedesmals 150 stuckh oxen vichs oder milchner in beraitschafft habe, die also mögen außgethailt werden, daß 50 bei mairhof, 25 zu Tann, 25 zu Rambenthal, 25 zu Axelschwang und 25 zu Aichberg, also zuversehn, das beim mairhof

10 ein jerige, 10 zwayjerige, 10 dreijerige, 10 vierjerige und
18 fünff jerige milcher, an den ybrigen orthen aber an jeden
fünff, von ainem bis fünf jar alters gehalten werden, davon man
jarlich vom mairhof 10, von andern beteiten orthen und schwaigen
jedem 5 und also in einem 30 stuckh, so fünf jerig, zum abwössen
herrgeben, und anstatt dieselben wüderumben beim mairhof 10, und
bei den andern orthen jedem 5 abgenommen oder jerige milchner zu
ersözung der obbemelten zall an ihr orth und pärn ställen solle,
also daß die anzahl der 150 stuckh jedesmahls angedeitermassen
völlig verbleibe und nichts davon abgeben thuen.

Sovil dan auch die abmöstung erstgedachter 30 oxen belangen
thuet, solle man alle jahr zu anfang des octobers von negstermelten 5 orthen 30 der eltisten oxen ausschiessen, und hievon 12 bey
hiesigem mairhof, weiln man zu Axelschwang die hierzu gehörige
noturfft an heu und gruemath wo nit völlig, doch maisten thails
von Aichberg und Finningen, auch daß streistro vom zechent zu
Utting und schondorf haben kan, 10 gedachter oxen zu stöllen und
bis ostern abmösten. Wan also dise 30 oxen jeder nur P. 35 fl,
da doch wol ein mehrers davon zuhoffen, verkhaufft solle werden,
trifft die kauffsumma in allem 1050 fl. Ob aber dis allain von
ainer sorten vichs nit ein statliche und nambhafte einnamb sey,
wil ich einen jeden verstendigen urtlen lassen, und weiln man auch
bey der closter kuchl etliche mastründl das jar hinumb braucht,
mögen selbige alhie und zu Tann nach und nach abgemöst und zuvor
an obbedeiten underschidlichen orten zu disem brauch erziglet
werten.

Daß milch vich betr. solle man sich aus gewisen ursachen damit
nit yberstöllen, sonder allain sovil halten, als man beim closter
und den schwaigen zu samblung milch und schmalz vonnötten hat,
sonderlich darumben, weilln sich die hie und auf den schwaigen
habender erfahrung nach mehr für daß oxen- als khüe oder milch
vich taugsamb und fürtreglich befunden tueth, dabey auch die küe
so milchreich nit sein als man mainen mechte, ist also vil auf
die schmalzsamblung zutringen nit ratsamb.

Sovil dan auch das junge vich anlangt, solle man disfahls auf
den zigl wol acht geben, und alle zeit sechen, und man die kolber von den schönsten und besten kien, darbey jedesmahls ain
oder zwen schöne und gewachsige faßlstier sein sollen, abgenommen werden, damit man aber die gar alten und an der milch unnuzen oder unfrichtbarn khüe jerlich, sovil vonnotten sein würdt,
auß wexlen wie auch die obvermelte anzall der 150 stuckh oxen
vich völlig und unzergenzt erhalten könde, solle man jedes jar
ein solche anzall an küe und stier kölbern, sonderlich alhie beim
mairhof abnemmen, so zu erzelten außwexlung und erhaltung bedeiter anzall oxen erklöckhen und genuegsamb sein würdt, die dann
einer fleissigen wardt und was zu ihrer füeterey, mit dero man
nit zu karg sein solle, gehörig wolbedürfftig, dan wan sie daß
erste jar erbueden und verzweln ist, hernach wenig daran zu erzigln und costen alsdan man der fueterey und der ehehalten lohn
rechnen wil, mehr, als man lezlich darauß lesen und daran gewünen
thuet, welchs alles die zeit und experienz einem procuratori an
die handt geben würdt.

Den schaffzigl betr. kan man disfahls kain gewise maß und anzal
fürschreiben, sonder mögen hie und auf den schwaigen sovil ge-

halten werden, als man an jedem orth den sumer waidnen, und den wündter ohne abbruch der sonst notwendigen fiederey halten kan, denn aufs maiste in die 300 sein mechten, davon man jerlich die kuchl mit dergleichen pratflaisch versechen, und dannoch neben der wol etliche stuckh verkauffen könde, dabey zumörkhen, daß sie sonderlich winderszeit einer fleissigen wart, und für sie taugsambes hey wol bedürfftig sein.

Ingleichen könden alhie beim mayrhof in die 50 oder wegen an jezt habender tröbern noch mehr bey beden schwaigen aber jeder auf weingist 10 schwain gehalten werden, wievil man aber derselben jerlich mösten, oder ungemöst verkauffen mögen, kan man nit aigentlich wissen oder hievon meldung thuen, sonder man mueß disfahls auf die jargang, ob nemblich der techl wie auch das traidt wol oder ybel geraden thue, acht geben, dann mainchs jar beschicht, daß der traidt, sonderlich der habern in einem solchen unwehrt ist, daß man disfahls mit verkauffung deß traüdts zuekhumen thueth, hierzu dan auch die schlechtiste geringe und weder zum verkauff noch verbreuen taugsambe gersten, wol und mit nuz zugebrauchen, dan auf solche weis kan man jerlich in die 15 oder gar 20 schwein abmösten, und auf ein schöns gelt bringen, so zu abrichtung der ehehalten und was sonst auf mairwösen gehet, nit wenig fürtreglich und behilflich sein würdt, wann also solches beschicht, würdt man mit hilf und vortl dergleichen beinuzungen, die vom traidt und vich herierende haubteinnamben gueten tails inhanden behalten könden.

Wan dan von der anzahl und ordnung, nuz und gebrauch, auch wart und füeterung roß und vichs, so beim mairhof und des closters schwaigen jezt und inskonfftig verhanden sein werden, aller hoffnung nach ausfierlich genueg gehandlet, solle demnach auch von wun und waidt, so zu gedachtem roß und vich gehörig, waß wenigs vermelt werden. Und zwar anfangs sovil, sonderlich die beim mayrhof an wesendten waidtroß betr. tueth, ist wisslich, daß man vermög verhandener frl. receß alle summer vom closter 15 stuckh junge und alte roß auf das Disser moß neben der burgerschafft waidtroß treiben darffen, und ob zwar dises privilegium etliche jar nit exerciert worden, hat man doch bemelte waidt wenig jar vor dem kriegswösen wiederumb mit etlichen follen besuecht, und die possession verneuert, auf dise waidt kann man jedenmahls zu seiner zeit 8 zum feldtbau notwendige waidtroß, sambt 7 follen, wie oben angedeit worden, treiben, und durch den ordenlichen roßhüerten gegen erstattung deß hüeterlohns hieten und abwaiden lassen.

Das milch vich betr. mögen die küe und khalblen in den gemainen und zum closter gehörigen trib und traden, doch sovils sein kan, absonderlich, daß wegen der frembden faßlstier das clostervich nit leichtlich sich under anders vich vermischen thüe, gehüet werden, dabey auch sonderlich zu mörckhen, daß man den marchen auf wenigist etlichmahl den sumer, sonderlich gegen den Raistingen mit diesem vich fleissig nachhüette thue, daherro an einen getreuen und wachtsamben hüerten, der den sommer mit der hueth, den wünder mit dem füetern empsig und aufmörckhsamb sey, vil geschlegen, damit man aber mit der für das milchvich gehörigen waidt abzuwexlen hab, und den abent das küevich, sonderlich im sumer, wan die hiz am grösten, und das vich nach mitag spat austreiben würdt, nit weit auf die waidt zugehn habe, hat man etliche wisen bei St. Martin erkaufft und gedachtem küe vich zu einer waidt verordnet, aber man solle vor nit dahin treiben, bis nach abschlagung und verbott des gemainen tribs, so nach des hl. kreiz tag beschicht, das gras und die waidt wol widerumben hergewachsen sey, damit in der hiz und bis man widerumben durchgehendt auf die wismader treibt, daß vich was zu fressen fünde, und weil man dis alberait etliche jarhero practiciert und guet sein befunden, würdt es auch hinfüran mit nuz beschechen könden, aber man mueß wol acht geben, das man gedachte wismader mit stauden nit verwachsen lasse, sonder man solle alle herbst oder außwertszeit selbige mit den darzue gerichten starckhen raumsegen fleissig abraumben, und die scherheuffen nit yber hanndt nemmen lassen, sonsten da solches nit beschicht, werden gedachte wismader zu waidt weing nuzen, man solle auch in denen dabey gelegenen grabenen und nebst bei St. Marthin, wo daß vich hinkhommen kan, gelegenen gestreussen, die unfruchtbaren größlaing tax und widenstauden, so den boden yberziechen und dem vich die waidt nemmen, etlich mal und so offts vonnötten, abraumen, auf solche weis würdt man an dem milch vich sondern nuz spirn.

Die waidt für das oxen und galdtvich würdt nach wie voran dem spindler vorm waldt sein, alda man in die 60 stuckh abwaidnen kan, doch ist auch vonnötten, weil man der zeit nit mehr, wie vor disem, so große holzschläg macht, das man etlichmahl dem vich zur waidt rammen und das kunze unfruchtbare gehilz oder grössling und täx, auch stauden werkh abhuen und zur waidt raumen thue, solchen unrost, weiln es selten und in etlichen jarn kam einmahl beschicht, zalt und erwidtert die melioration deß vichs unfelbar, und irret gar nit, da man sagen wolt, solches abraumen sey dem waidtwerch schödlich, seitemahln so grosse blaz nit auf ainmahl abgeraumbt werden, daß ain oder anders wildtbred nit, demnach seine ständt und durchgäng haben könden, weiß auch ein verstendiger und erfahrner jäger gar wol, wo man raumen oder damit inhalten solle, gesözt aber, daß ye dem waidtwerch ein geringer abbruch beschechen, solle man den nuz, so von oxen und vich herein geht, mit dem nuz vom waidtwerch conferiern und hernach urtln, aber sie könden beede wol neben einander stehn und practiciert werden, wan man anderst hierinen ein rechts procedere braucht, und wie sich gebürt, aufmörckhen will, man solle auch fleissig acht geben, daß die waldthürten den marchen sonderlich gegen Schelschwang unausgesözt nachhüetten und nit gestatten, daß gedachte von, yber die march mit ihrn rossen und vich hereinhüeten, sonderlich sie ihr galdtvich und roß durch einen hierzue aigens bestölten hürten zu negst der march und steinen, wo auch des closters vich absonderlich hüeten lassen, und also unserm vich verkhumen und den ganzen tag die waidt nemen und allain brauchen thuen, da sie doch sovil in unserm waldt gelegen und auf des closters grindten allain den zuetrib haben, darumben gleichwol die derentwegen aufgerichte waidt und trib brief ze sechen sein.

Und damit das vich oder oxen nit wie vor disem beschechnen zu nachts am waldt, sonderlich wans kalt und frostig, im regen und windt verbleiben miesse, hat man einen aignen vichstadtl an bewusten und zwar an einem solchen orth erbaut, wo das vich zu abendt und morgens, am ein unsgehn guet frisches wasser zuetrinckhen haben, und zue nachts vor aller gefahr versichert sein könde.

Nitweniger ist vonnötten, daß der oxen oder waldthürth vorbschribnermassen tag und nacht beim vich verbleibe, derentwegen ihme dan bey oder in dem stadl ein aigenes stibl und ligerstatt zuegericht worden, und wie gedachter hürth in allen andern dingen die heuth betr. gewarsamb sein solle, also mues er auch mit dem understrahen kain fleiß sparn. Damit man auch beim mayrhof ein schönen und grossen vichzigl haben könde, hat man die küekhölber, bevorab was von grosser und schweizer art gewesen, daß erste jar, nach dem man sie austreiben, nit under die hörth zu den faßlstieren lauffen lassen, damit sie nemblich nit zufrüe spilten und aufnemmen, sonder anhaimbs allain umb des closter herumb und auf dem hof gewaidnet, welchs, daß es noch bescheche, nit unratsamb sein würdt, und hat man hierzue bessere gelegenheit als zuvor, sonderlich deß so grossen und ruebigen hoffs, auch der umbs closter aufgefangenen gärten halber und dis von der waidenschafft allerhanndt vichs, so bei des closters mairhof kan gehalten werden.

Ein gleiche mainung hat es auch, sonderlich der march und tribs gerechtigkeit halber, mit den jenigen waidenschafften, so zu den schwaigen gehorig, darauf obverstandnermassen guete obacht und nottwendige direction solle gehalten werden etc.

CAPUT X

Warumben man den hof Rambenthal aigentlich khaufft und wie man selbigen hinfüran bauen und nuzen solle.

Wasmassen und gestalt man etlich jar herro ein gueten tail der jenigen feldtstuckh und grinden, so man vor disem vom closter auf dem mairhof hinwegs geben, und zu durchgehenden freystifften den hiesigen burgern und underthonen verlichen hat, herzue gelest und khaufft habe, würdt anderorthen genuegsamb angedeit, wann dann wisslich, das der hoff zu Rambenthal nit vor so gar langen jarn ein zum closter gehörige schwaig, und von da aus mit ehehalten, schoff und geschür beschlangen gewest und baut worden, man aber das wenigiste von ain oder andern erhöblichen ursachen, warumben erstbemelter hof vom closter verkaufft worden, der zeit wissen kan, und anderst nit zugedenckhen, allain es werde ein sonderbare gelt nach oder unnachtsambes ybersechen daran schuldig sein, also hat man für ratsamb und dem closter nuzlich zu sein gedacht, das man offtbemelten zum closter bringen solle, wan dan Marthin Kuendl, inhaber oder freystüffter besagten hofs, in den fürybergangnen kriegsleffen dermassen verdorben, daß er sich gedachten hofs gar nit mehr angemast, sonder selbig einem schlechten unbekanten mann P. 350 fl verkaufft, da doch zu negst vor dem kriegswösen ihme Kuendl offtbesagten hof oder darauf habende gerechtigkeit auch gegen dem closter als grundtherrschafft P. 2000 fl nit fail gewesen, also het man von grundt und hofmarch obrigkhait wegen den einstand an die handt genommen, und gegen hinaus gebung der bemelten 350 fl den vilbesagten hof zum closter aus volgenden ursachen gelest und gelegt.

Und zwar erstlich darumben, weiln obbemelter freystüffter und sein vatter den offtbedeiten hof nit allein, sonder auch den darvon schuldigen zehent, umb ain schlechte und in erwegung dessen, was der hof und zechent sonst zugeniessen were, unausträgliche gilt, lange jar besessen, und genossen haben, da man doch hingegen, wan man ye offtberiert hof zum closter nit mehr brauchen wolte, selbigen umb ein nambhafftes gelt verkauffen, den zehent selbst zum closter fechsnen und dannoch die alte gilt nemmen und haben könde.

Fürs ander, weil bemelter hof dem closter zu geleglich und nachent gelegen, das man ihme neben und zue dem mayrhof, vom closter aus b(a)uen kann, also daß nit vonnötten noch ratsamb, daß man aigne ehehalten, roß und geschür, bey bemeltem hof, wie zu Tann oder Axelschwang halten thue, sonder würdt alda zu Rambenthal das ganze hauswösen mit zwen, maistens 3 ehehalten, die dem vich warten, mögen angestölt und versehen werden.

Dritens, weil vor und nachvolgendt, an underschidlichen orthen meldung beschicht, wie rathsamb und nuzlich es were, wann man inskünfftig, da die mairschafften und traidtdienst widerumben in vorigen und volkomen standt werden gericht sein, dahin trachten, und des closters veldbau bey dem mairhof und schwaigen also anstellen und vermehren thet, daß man hievon neben denjenigen zechendten, so der zeit nach der garb gefechsnet und bey dem closter und schwaighof Axelschwang ausdroschen worden, die noturfft mahl und besoldung traidt haben und erbauen, hingegen aber das dienst traidt verkauffen und zu einer starckhen gelt einnamb bringen könde, und damit man auch yber die notturfft milch und schlecht vichs nit weniger yber die anzahl der notwendigen mehn- und reitpferdt, etwas nambhaffts an roß und vich verkhauffen könde, würdt diser hof auf ain und anderm weg gewislich fürtreglich sein, weiln auch bey negstermelten hof, haus und stadl gleichsamb neu auferbaut, das man sich kaines schweren bau costens zu besorgen, also hat man aus erzeltem und andern ursachen sich nit zu befirchten, das man an disem hof ein schedlich nachthailliges kauf getroffen habe.

Sovil demnach mehrgedachten hofs veldtbau anlangt, sollen alle drey veldter durch die jenigen ehehalten, roß und geschürr, so man beim mairhof halten tueth, gebaut, und alles traidt ins closter gefiert und alda ausdroschen werden, zum fahl aber solches nit alles nach gestalt der jahrgäng im closter stadtl mechte gelegt und underbracht werden, oder da es einen nassen und unstetten sumer abgebe, also das man mit dem traidt ab dem veldt eiln miesse, könde man selbiges in den zu Rambenthal verhandnen stadl fuehren und darin solang behalten, bis man es gar ins closter zefiehrn, guete zeit gelegenheit haben wurde.

Dem hewet und wismadt, sovil dessen zu besagtem hof gehörig, betr., solle das schlechtiste heu auf die zu Rambenthal darzue gerichte heuplanen gelegt werden, das grumath, wie auch das beste anger wisheu, weiln man alda kaine roß noch mast oder jungs vich halt, solle zum mairhof gefiert, und da den jungen rossen an gleichen fieterey manglen wolte, dahin mit nuz verwendt und braucht werden, herentgegen kan man von der Liechtenau oder andern schlechtern wißmadthen die notturfft nach Rambenthal füehrn, daß vich auf disem hof mechte abgeweidtert werden, belangent, ist erstlich zu wissen notwendig, daß ob man es gleichwohl beim closter oder mairhof zu ersparung der ehehalten wol haben, und das heu sowohl als traidt herzu bringen könde, ist doch weder für heu noch vich beim mairhof das underkhumen verhanden, man wolte dan erst umb selbiges trachten und nachsechen, aber weiln der tunget vom mairhof aus gar zu weit, sonderlich ins drite feldt gegen Pierdorf zu fiehrn were, und weiln man vom mayrhof die waidt, wans in der prach ligt, bevorab wan beede velder, als das gegen Sandt Alban und das bey der Spratl, anbaut sein, mit dem vich nit leichtlich besuechen könden, also wurde am ratsambisten sein, wan man windterszeit jedesmahl aufs wenigist 25 der störckhern oxen, so den sumer am Spindler gewaidnet worden, zu obbemeltem Rambenthal abwindtern und mit gemainem heu und haberstro füetern teth, und da man bey dem mayrhof etwas von schlechten fueter hew, gesezt die underkhomen wis oder weyer anger enthraten könde, mechte man von besagtem mayrhof desto mehr milcher nach Rambenthal stöllen und alda yber wündter füetern, hingegen bey besagtem mairhof mehrer jungs vich herziechen und zue stöllen, welches bey den warmen gesödtern bölder als bey hew und haberstro aufwachsen thet und weiln das traidt, wie vor gemelt worden, beim closter ausdröschen würdt, solle man daß fueter und streustro, wie auch bey andern clöstern, als gleich zu Polling beschicht, hinaus fiern, welches weiln der weeg kurz und guet, nit grosse ungelegenheit verursachte, sonder weiln dann auch diesem vich kaine gesöder oder warmes fueter geben wurde, sonder sie, wie verstanden, allein mit angemischtem hey und haberstro füetern, und selbiges ihnen in die darzue gerichte rauffen oder krippen, auf maß und gestalt wie bey andern am bürg gelegnen clöstern und dero schwaigen fürgeben teth, also mecht solches füetern ain einziger starckher und hierzue tauglicher mann, sambt seinem weib, die beim hof im cost und lohn erhalten und im somer alda zu aller arbait braucht wurden, wolverrichten, sonderlich weiln sie den ganzen windter dem vich niemahls misten, sonder allain, doch vleissig und täglich zu nachts und morgens einsträhen dörffen, dan der tunget wurde alzeit im auswerts und herbst auf ain mahl miteinander gleich im stall auf die wägen geschlagen, und außgefiert, da man aber für ratsamber und nuzlicher befunde, daß man das vich anlögen und mit warmen gesödern füetern solle, miesse man wol auch die drite persohn als den hirten den wündter brauchen. Welches darumben villeicht ratsam sein mechte, weil hiesige vich bey den warmen gesödern erzogen würdt, hierzue aber wer wol vonnotten, das ein mair offt, zu zeiten auch ein procurator selbst, zuesechen und acht geben thet, wie bemelten vich alda zu Rambenthal gewalt, und da man ihm prandt und zu negst bei besagten hof jerlich etliche fueder streu zu Tan beschicht, rechnen, oder etliche fueder mosstreu, weiln man das streustro beim closter nit wol enthratten kan, khauffen thet, könde man nit allein dem vich zu geniegen strähen und selbigs sauber halten, so zum gewex und aufnemen sehr dienstlich, sonder man mechte auch mit dem davon habenden dunget in den veldtern und angern grossen nuz schaffen. Die waidenschafft betr. könde man die jenigen oxen milchner, so den wündter zu Rambenthal gefüetert worden, den sumer an den Spindler treiben, hingegen bein mairhof die jungen, als ain-, zway- und thails dreyjerige milchner, sambt den halmvich herunden beim hof, sovil als man köndt, abwaidnen, und durch ein starkhen hietbueben, damit mann und weib zu einer andern und fürnemen arbait mechten braucht werden, hüeten lassen und die darumben, die weilen daß junge vich beim hof, im prandt und auf der tradt, siesse waidt und nachent von und zum stall hete, alda man ihme außwertszeit, und im spaten herbst etwas wenigs in parn geben mechte, man hat auch diß zuerwegen, das man alzeit die 2 jar, wan das ober anbaut ist, auß dem prandt auf das wildtmoß hüeten kan, weilen zu bemelter zeit das closter vich die waidt fast allain (zumahlen anders vich nit leichtlich hinkumen kan) daselbst haben thueth, und sonsten vil waidt besagter orthen vergebens verderben tueth, die man doch auf solche weis mit erwinschtem vortl nuz und brauchen könde.

Es ist auch der dechl im prandt in acht zunemmen, der wan etwas geraden tueth, für deß closters schwein nuzliche zu brauchen were, und was dergleichen vortl mehr sein, darauf ein vleissig procurator ins konfftig wol acht zu geben wissen würdt.

CAPUT XI

Warumb man die beede güetter zu Aichberg kaufft und zu der schwaig Axelschwang gelegt habe.

Gleich wie der hof zu Rambenthal durch einstandtsmitl obverstandnermassen zum closter bracht und dem mairhof einverleibt worden, also hat man auch anno 1636 die beede güeter zu Aichberg, von dero besizern, so in negstvorgehenden kriegsleffen, verdorben und gestorben, hinderlassnen erben und P. 270 fl., da sie doch zuvor aufs wenigist 1800 fl. golten, erkaufft, und selbige, aus fast gleichmessigen ursachen, so zu anfang des negstvorgehenden cap. weegen Rambenthal an deit worden, zu deß closters schwaig Axelschwang glegt, die haubtsechliche ursach aber ist gewesen, weilen wie wisslich bey besagter schwaig jedesmahls ein enger und schlechter bluemb besuech, dabey man kain rechtschaffene anzal roß und vich halten könden, gewest, hingegen bey erzelten güetern zu Aichberg, so zu negst an die schwaig stoßen und gränzen tuen, ein grose weiten am trib und waidtbesuech verhanten, darauff man jerlich in die 30 stuckh galdt vich, neben beeden gemaine Uttingen und Schaindorf abwaidnen und halten kan, und weilen die feldter zu bemeltem Aichberg nit allerdings drechtig und austreglich, also könden auch mit sonderbaren des gottshaus nuz, tails gedachter veldt sovil hieran alberaith auszaigt und verordnet worden, zu einem an sechlichen anger neben den daran gelegnen wismader gemacht, und ins konfftig braucht worden, darauf man den jenigen tungent, so von obgemelten vich zu Aichberg gesamblet würdt, füehren und hievon ein statlichen grasboden ziglen kan, der maiste tail aber des veldts, so nit madtmessig gemacht würdt, von zu einer roßwaidt gebraucht werden, deren man sonderlich zu Axelschwang wol bedürfftig, und mag man ein zimbliche anzahl roß, wo nit tag und nacht, doch aufs wenigest die nacht mehrer sicherheit halber bevorab die stuetten mit ihrn fillen alda hüetten und abwaidnen, welches gewisslich der schwaig Axelschwang nit zu geringem behelff und vorschub geraichen wird, also daß man ins khonfftig, und in schwung bracht sein, mit der hilf gottes zu einer nambhafften geltlossung von roß und vich wirdt gelangen könden, und weilen man konfftig zeit von besagtem Aichberg jerlich nach Axelschwang nit wenig fueter des besten heu und gruemats zur abmöstung der oxen sowohl als von Finningen füehrn kan, dahero würdt man wegen des mehrern bekhumbnen tungets die Axelschwangerischen velder so guet thails vermehrt und erwidert worden, wie nit weniger alberait vorhandene enger, und was man auf der schweinen noch zwaimadtig richten wil, desto trachtiger machen, also an traidt und heu nit ein geringe vermehrung zu hoffen haben, wie dann auch ihene selbsten augenscheinlich, daß ain nuz und förtll den andern auf solche weiß, durch die gnadt gottes, bringen und geben werde, dabey wol in acht ze nemmen, daß man jerliche das saur und schlechtere heu, so in obbesagten anger und wismadth wachsen thuet, für das galdt vich, so man wündter und sommer zu Aichberg halten wird, legen thüe, das beste aber sambt allem gruemat solle nach Axelschwang für die mastoxen und junge roß gefüetert werden.

Sovil dan auch die wart des Aichbergerischen galdt oder oxen vichs betr. thueth, solle selbige auf mas und weiß wie zu Rambenthal beschicht, bestelt und angeordnet werden, also daß man neben dem besagtem hey jerlich etlich fueder haberstro von Axelschwang nach Aichberg füehrn solln, welches beeder zehent als Utting und Schondorf halber leichtlich würdt beschehen könden und weillen man zur fueterung gedachten vichs, im wünter mehr nit als ain mann und sein weib, so den summer zu anderer arbait, wie zu Rambenthal mögen braucht werden, halten darf, die huet auch sumerszeit durch ein starckhen hüetpueben, welcher den wündter bei den mastoxen zu brauchen, kan versechen werden, also würdt hofentlich die spesa oder ausgab auf Aichberg so groß nit werden als man meinen mecht, und da man den schlechten kaufschilling umb gedachte güeter, wo nit weniger die nuzbare und schöne gelegenheit des bluemb besuechs und heu wachs, dahero die Axelschwang recht erwegen tueth, darf man sich gewislich disen kauf so wenig als mit Rambenthal ruen lassen, sondern wol zu hoffen, daß wür uns zu rüebigen zeiten und bessern jarn, sonderlich aber unsere nachkumbling dessen zu erfreien, und erst recht zue geniessen haben werden.

Ob aber zwar ain oder anderer sagen mechte, es sei bey dergleichen kauffen, wo ihnen die herrschafft ihre stüfft und gilten gleichsamb selbs abkhauffen und schmöllern, wenig nuz zu hoffen, mag villeicht war sein, wo die gilten sonderlich der traidtdiennst starckh und nambhafft, also daß der herrschaft yberbleibt, als die underthonen hetten ein diennen miesen, weiln aber offtbemelte 2 güetter zu Aichberg jedes jar für ihre bestendige gilten als auch für den grossen zechent yber 40 fl. in allem nit eingedient, herentgegen aber gar nit zu zweiflen, daß nit inskonfftig mit göttlicher hilf diese merbedeite ainödt zwai oder dreimahl mehr als sie zuvor in allem ertragen, vorerzeltermassen zugeniessen sein werde, und unwidersprilich war, daß Axelschwang durch dis mitl erst zu einer rechtschaffenen und nuzlichen schwaig, dabey an traidt, roß und vich etwas ergibigs zu erhalten sein würdt, gemacht worden, also darf man sich oberzelte und mehr dergleichen einöden, gar nit ihrren und abwenden lassen, gesözt aber, daß man yber etliche jar, wan auch schon alles zu jezigem vorhaben wirdt bracht sein worden, ein schlechten oder gar kain nuz dabey befinden solle, welches doch zum wenigisten nit, da man anderst mit den sachen aller hofnung nach recht umbgehen, und was jezt anfenckhlich zu der notürfftigen spesa, inskonfftig auch der anordnung und arbait halber vonnötten recht darauf sezen tuet, zu besorgen sein würdt, kan man doch ihm widerigen fahl, allezeit gedachte güeter widerumben weit umb in höchers als sie kauffen worden, hingeben und mit schlechtem wissen oder doch auf wenigist ohne verlust in alten standt und zu vorigem jar zu einer hochern gilt in ansechung des zechendt bringen, gott schickhe alles zum bössten.

CAPUT XII

Waß man seit anno 1622 bis anno 1642 für ainschichtige und andere grundtstuckh und güeter zum mairhof erkaufft, und die alberait dabey verhandene verbessert habe.

Wann man dan, wie nachlengs negstvorgehendt vermeldt worden, zu hiesigen mairhof, wie auch zu der schwaig Axelschwang die bedeuten güetter als Rambenthal und Aichberg völlig gelegt, und gericht hat, und zwar solches aus obverstandnen ursachen. Also hat man auch noch andere fürneme und nuzlich ligende stuckh gedachte jar erkaufft, und zu besagtem mairhof und schwaigen gelegt, wie hernach zu vernemmen. Würdt demnach hiebey specifice gesezt, was an veldt und grundtstuckhen, die negtverwichene 20 jarhero zum mairhof gelegt und khaufft worden, wie volgt:

Anno 1624

Von Balthasar Lidl zu St. Alban sein 4 juchert ackhers beim see gelegen, daß Alber veldt genannt, erkhaufft worden
Pr. 320 fl.

Von Caspar Zanger zu Wengen ist sein ganz ingehebtes güettl erkhaufft worden, per 930 fl. sambt einer jerlichen bedingten pfriendt oder ausnemb, die gleich wol anno 1631 dem closter widerumben haimbgefallen, dis güettl ist dem hofmarchswürth, um die taffern und dabey habende veldtstuckh und wismadh geben worden, doch hat man davon behalten, und dem wirth nit geben daß feldt am Schedlwaldt davon oben meldung beschechen, sambt dabey gelegenem wismadth, sein 7 juchert ackhers und 5 tagwerckh wismadt, mehr die grosse klozen wis bey Tann, so dahin gefechnet würdt, sambt noch einer andern wis, daß Schliedl genandt, wie obverstanden
P. 930 fl.

Von Hannsen Springsperger, burger zu Weilhaimb, ein wismadt in der Liechtenau, so ungefahr 10 tagwerk
P. 350 fl.

Anderraß Faber, churfrl. gegenschreiber zu Landtsperg, hat zum closter verkhaufft etliche feldtstuckh und wismadth, so er von Salome Pezin an sich bracht
P. 500 fl.

Anno 1627

Von Balthasar Wangner zu Diessen ein wis, bei St. Marthin gelegen, so man zu einer küewaidt braucht
P. 67 fl.

Von Salome Pezin ist ein äckherle und ehegartl im Alberfeldt bey der martersaul gelegen, erkaufft so zu einem andern dem closter gehörigen ackherl gericht worden P. 45 fl.

Von Hannsen Höchenrieder zu Diessen ein ehegarten in St. Alban feldt, erkaufft P. 100 fl.

Von Hannsen Reismair zu Diessen ein ehegarten und äckherl, in St. Martin feldt auf der Lachn P. 140 fl.

Von den Schwarzischen erben zu Wengen ein wismath, der alt weinberg genant, kaufft P. 100 fl.

Von Wolfen Drägl zu St. Georgen ein ehegärtl und krautpetl im krautgarten kaufft P. 20 fl.

Von Paulusen Greinwolt zu St. Georgen ein wiß so zur küewaidt braucht würdt P. 65 fl 30 kr.

Anno 1628

Hanns Sondermair, burger zu Weilhaimb, verkaufft sein 2 stauth oder wismadt in der Liechtenau den gottshaus P. 364 fl.

Marx Arnoldt bey St. Georgen verkaufft dem closter ein ehegertl im krautgarten gelegen P. 15 fl.

Von Jacob Wideman zu St. Georgen sein 2 juchert ackhers sambt 12 tagwerk wismath kaufft worden P. 356 fl.

Mehr von dem alten lederer Caspar Schwarz zu Diessen ist erkaufft worden ein ackher, so ausserhalb der hochen prugen ligt und ein ehegarten bey der kugelschmidten P. 130 fl.

Von Hannsen Weisen zu Diessen ein wisen am reitgraben würd zur küewaidt braucht P. 14 fl.

Von Abrahamb Aumiller zu St. Georgen ein wis bey St. Marthin, würdt gleichfahls zur waidt braucht, kaufft P. 60 fl.

Anno 1629

Von Lucaß Knopf zu St. Georgen 4 tagw. wismath beim schedlwaldt gelegen, kaufft P. 125 fl.

Trifft also die ganz summa, so seit anno 1622 bis anno 1632 umb liegende stuck und güetter, die man zu mairhof gelegt und ausgeben worden, benantlichen 3701 fl. 30 kr.

Volgt, was man nach dem kriegswesen und also von anno 1634 bis anno 1642 dergestalt ausgeben.

den 22 October anno 1634

Von Barbara Schefflerin underschidliche feldtstuck, so in dem ölteren stifftbuech specificiert sein, erkhaufft laut hieryber aufgerichten quittung datiert den 11. April anno 1642   P.   500 fl.

            den 9 Juny anno 1636
hat man obbedeiten hof zu Ramenthal einverstandtsweis zum closter bracht   P.   350 fl.

Summa summarum des umb die erkhaufften feldtstuckh zu hiesigem mairhof außgebnen gelts benantlich   4551 fl. 30 kr.

Neben diesen erkhaufften stuckhen sein auch von neuem aufgefangen und zu gärten und angern gericht worden, erstlich der jenige obstgarten, so vom pach an bis an die maur der braiten nach, nach der lenge aber von des schmidts hanssen halbherrns garten bis an den weeg bey der kugel- oder rennschmidten, aufgefangen worden, und da nit die schwedische einfahl beschechen, hete man die leuthen oder halten zu negst am pach ganz eingleicht, und gleich abhengig wie gegeniber bey St. Stephans kürchen zu sechen gemacht, damit man aber das khott hete zuebringen und verföllen mögen, were der pach gleich geradt durch den pluemben gartten in einen aufzimmerten pötwerckh geüert, und der alte graben oder rinsall mit gedachtem abgrabnen kott, auch deme was zu ebenmachung des hofs abzugraben gewest, ausgefilt worden.

Dise abgrabne leuthen were alle in einer schönen ordnung mit indern paumbwerch als stainopst maistentails der gueten zweschgen und weichslbaum, so für die kuchl wol taugt, die ebne aber mit hochen paumen von kernopst besezt worden, welches nit allain des opst und gras halber ein sonderbarn nuz gebracht, sonder hete auch dem ganzen closter gartten erst ein rechts ansehen gemacht, und einen schönen prospect verursacht, und ob dis vorhaben aus erzelten ursachen der zeit nit hat könden zu werckh gericht werden, ist doch selbiges inskonfftig zu beobachten, zu deme ist der grosse obstgatten hinder dem mairhaus, auch ganz von neuem aufgefangen, und von veldt herein gezeint worden, in welchem alberaith bey 200 paum allerlay belztes obst, außer der zweschgen und weichselbaumen, in ein solche ordnung gesezt und gericht worden, daß die indern baum und stain obst alles nach dem kag oder till, zeilweis die hoch und kernopst aber in der miten und auf der weiten also geordnet, daß, wo man die ansicht es allerorthen ein zeil abgibten, und hat man auch die höchern baum und kern obst darumben in die miten gesezt, damit sie dem indern und stain obst ain lufft und an der sonnen nit verhinderlich und schödlich seien, zu deme ist man willens gewest, weiln diser gartten ganz von den leuthen und aus dem gesicht, um selbigen ein von hagendorn hoches kag, so man weniger als ein maur ybersteigen könde, zuerzigeln, wie dan alberaith ein guetter anfang damit gemacht worden, aber wie voriges und andere wichtigere werckh, also ist auch dis verhindert worden, were doch ratsamb, das man es ins konfftig continuierte, welches nit allain ein zier, sonder auch zu ersparung einer maur ein nuz were, und ist wol zu hoffen, da man disen gartten und paumbwerckh fleissig abwart, man werde zu konfftigen jarn ein ansechliches obst davon haben könden, welches nit allain zum säfft sieden, auch daß rauche und abgefallene essig pressen sehr diennstlich sein würdt.

Uber dis ist zu wissen, das zu negst bey Rambenthal im obern
feldt ein weyer, so man den Eglsee gehaisen, gelegen, weilln
aber selbiger niemahls mit nuz zum vischzigl, darumben das der
letten oder fischwaidt nit guet gewessen, auch wegen deß gries-
sigen bodens das wasser darinen nicht recht zu bestatten gewest,
und da man ihne gleich geraumbt und ausgefüert, ist er doch baldt
widerumb mit grieß und keltter verschit worden, zu gebrauchen were, also hat man ihne ganz austricknet und zu einen annger gemacht, dieser annger sambt obgemelten 2 opstgartten, wan sie nur
im driten jahr tungt werden, tragen jerlich an trefflich guetem
zeug in die 20 fueder heu und gruemat.

Wie man aber diser 3 stuckh halber wegen des pluembesuechs mit
der burgerschafft zu Diessen gehändlet, und die waidtsgerechtig-
kheit bei dem alten galgen dafür vertauscht habe, geben die de-
renthalten aufgerichte vertragsbrief aigetlich zuerkhennen.

Hiebey ist auch zumörckhen, daß am Schedlwaldt oder Wennger wismadt, mit guetem willen der gemain zu Wengen im klozen feldt von
dem waldt bis an den ordenlichen fartweeg in die 20 oder mehr
tagwerk wißmadt und ackhers aufgefangen und zu einem anger gemacht worden, doch daß nach dem lesten madt, der gemain ihr vichtrib offen und unverwährt bleiben thue, wie und was gestalt aber
diser grundt zu nuzen und angermessig zu machen sey, ist in
negstobgeseztem 7 cap. zu geniegen andeut worden.

CAPUT XIII

Waß man in obbemelter zeit an grundstuckhen zu der schwaig Axelschwang erkhaufft und verbessert hat.

Anno 1629

ist von Marthin Stein zu Utting ein grosse wisen, das Ederriedt
genandt, erkhaufft worden P. 540 fl.

Auch von Balthasar Aichberger zu Aichberg ein wis, so 7 tagwerch
helt, am egg gelegen, erkhaufft P. 383 fl.

von Jacob Sedlmayr zu Utting ain juchert ackhers auf der kolstat
erkhaufft worden P. 60 fl.

Von Anna Schneiderin zu Underfinningen, witib, ist ein wis, der
alt anger genant, erkhaufft worden P. 510 fl.

Anno 1630

Melchior Sedlmair zu Utting verkaufft dem gottshaus 3/4 ackhers
und dabey ein eggertl auf besagter kolstadt ligent P. 48 fl.

Von Hannsen Wideman zu Utting ist ein ackher, so auf 1 1/2 ju-
chart sambt dem daran ligendten ehegartl geschezt worden, und ist
auf jezbemelter kolstadt gelegen P. 90 fl.

Auf mehr bemelter kolstat ist ein ackher von Hannsen Dietrich zu
Utting, so ungefar 3/4 oder etwas wenigs halten thuet, sambt da-

ran stossendten ehegärtl erkaufft worden P. 60 fl. 30 kr.

Von Sebastion Zerhoch zu Oberfinnigen ist ein grosse und schöner anger so zu negst am dorf ligt und gartenrecht hat, erkaufft worden P. 1500 fl.

Von Hannsen Sedlmayr zu Oberschondorf sein 3 1/2 tagwerch wismadt. so bev der pröbstin gelegen. erkaufft worden P. 46 fl. 30 kr.

Von der gemain zu Utting sein 4 tagwerch wismadt, die hietwis an einer schuldt angenomen worden P. 100 fl.

Von Geörgen Schwalben zu Oberschondorf 5 tagwerch wismadt bey der krip gelegen kaufft worden P. 45 fl.

Von Georg Frieseneger zu Oberfiningen seindt 11 tagwerch veldt wismadt erkaufft worden P. 200 fl.

Summe des jenigen kaufschilling, so seit anno 1622 bis anno 1632 umb erkauffte grundstuckh ausgöben worden 3593 fl. 2 kr.

Mehr sein nach dem kriegswösen von anno 1634 bis 1642 zu der schwaig Axelschwang erkaufft worden, nachvolgende stuckh und güeter.

Als erstlichen die zway güeter zu Aichberg, davon oben meldung beschehen P. 270 fl.

Die reißwis ist gleichfahls von Hannsen Probstens zu Hochenwang erben erhandlet worden P. 200 fl.

Drey tagwerch wismadt von Matheiß Friesenegger, peckhen zu Utting P. 16 fl.

Von Benedict Prunner zu Underfinningen 4 tagwerch wismadt so negst Finning gelegen P. 15 fl.

Von Hannsen Froschmiller zu Oberfinningen 3 tagwerk wismadt zu negst an dem Axelschwanger laich gelegen erkaufft P. 20 fl.

Von Geörgen Wöhrl zu Finningen 4 tagwerch wismadt, so gleichfahls beim laich gelegen P. 24 fl.

Von Michel Frisenegger zu gedachtem Finningen 5 tagwerch wismat, so an gedachte orthen gelegen, erkaufft P. 30 fl.

Von Hannsen Schneider zu Utting bey 3 tagwerch wismadt, so bey der Uttingerischen hüetwis zu negst dem laich gelegen, erkaufft P. 20 fl.

Summa umb die zur schwaig Axelschwang seit anno 1634 bis anno 1642 erkauffte grundstuckh augebnen gelts 595 fl. - kr.

Summa summarum seit anno 1622 bis anno 1642 umb gedachte zu der schwaig erkhauffte grundtstuckh ausgeben worden 4188 fl. 2 kr.

Neben disem sein auch andere zuvor zu der schwaig gehörige grundtstuckh als wisen und äckher zum thail erweitert, auch in ander weeg beulich und nuzbar gemacht worden, als insonderhait das ober feldt gegen der kolstat, ist aufs wenigist umb 3 juchert erweitert und bösser gemacht worden, zumehln zwischen dem euen anger und gedachten feldt ein rauches und wildes kag gestandten, darinen vil kurzes holz und paumwerch aufgewaxen, und weit in ackher hinein schadten gemacht, und drenckht hat, dardurch das feldt unfruchtbar worden, demnach ist gemeldts kag von der wurz ausgeraumbt und gerait worden, und hat man ein gueten tail vom anger, so wegen des spissigen bodens nit gras tragen, zum feldt gelegt und auf ungefahr 3 juchert das feldt grosser gemacht, weiln auch das veldt auf der kolstat oder negstoberzelte neuerkauffte äckher zu disem veldt gelegt und darzue gebaut worden, also ist es an jezt dem grösstem feldt gegen Stainebach gelegen, an der grösse gleich und an der güete bösser, dan auch das drite veldt bey der Stigl gegen Aichberg jedesmahls das kleinste gewest, das feldt aber auf dem öckh zuvor fast alle jahr also zumelden, verstimblet, auch gemainkhlich mit underschidlichen traidt anbaut worden, und all jar ein thail davon in der pracht gelegen, dahero schlechtlich genueg genuzt worden, damit demnach ebenfalls obbesagtes drites veld, den andern zwaien gleich wurde ainjezt ermeltes öckhefeldt, sambt den jenigen äckhern, so bey der schwaig im engern ligen und zuvor schlechtlich genuzt worden, zu gedachtem driten feldt baut, gibt also jezt der grössen halber in allen drey feldern ein schöne gleichhait ab, welches darumben auf ain solche weiß gericht worden, damit man sich jerlichen fändt, auch aller feldtarbait, sonderlich des stros halber auf ain gleichhait zuverlassen, und man sich mit den ehehalten wegen ihrer ocupation, auch mit aufstöllung ross und vichs, darnach zuverrichten wisse, und nit was man die zway jar an vicher ziglet, das drite wegen mangl des stros abkern und mit schaden verkauffen miesse, würdt dem nach lengs erzelte verbösserung bey der schwaig, ob gott wil, nit wenig nuz und fürtreglich sein.

Es ist auch wisslich, daß die bey gedachter schwaig Axelschwang gelegene grosse wisen, die Schwainnach genant, vor disem allezeit nur ainmahl gemäht worden, an jezt aber hat man sie dahin gericht, daß man mit grossen nuz den bösten tail der selbigen anngermessig und zway medig gemacht und diß darumben, die weil man nit allein bemelten thail dieser wisen tungen kan, sonder sein auch etliche wenige jahr hero der vich und padanger gedungt, und sonderlich auf dem anger hinder dem zechentstadtl das wasser von der strassen herein gefüert worden, welches zuvor nie beschechen, dahero man ein nambhaffts an heu und gruemat, so sonsten schlechtlich hergangen, von bemelten stuckhen gefechnet und eingethon, welches zum roß und vichzigl, die weiln die fillel und kölber mit guetem gruemat, und nit mit spissigen oder sauren wisen heu miessen geziglet, und geschwindt zu einer grösse, und zum verkhauf oder andern nuz gericht werden, sehr fürtreglich und nuzbar sein würdt, zu Oberschondorf des stros halber vil dienstlicher behilflicher gewest, und leichtlich hieraus abzunemen, was das stro bey einer mairschafft nuzen tueth, derentwegen nit zu zweiflen, daß man hiemit äckher und enger wol empfindlich verbessern und also die nuzung an traidt und vich wol erspriesslich vermehren, auch solcher gestalt mit einen pfennig 3 gewünen thue, daß aber deme also sey, allain den nuz von stro zu rechnen, der kerner zu geschweigen, bescheinigt sich selbs wan man nemblich nachschlögt, umb wievil man jezt bey der schwaig Axelschwang wegen hierzue gebrachten und verbesserten gründt, und zechentstros halber Schaindorf und tails Utting, mehr an traidt und heu erbaut, auch an roß und vich erziglet habe als vor, welches alles zu teglichem gebrauch und geltlosung, wie hernach an seinem ort zuvernemmen, nit wenig fürtreglich und gewest, auch hinfüran, sonderlich der mastoxen halber mit der hilff gottes nuzen würdt.

CAPUT XIV

Was zu der schwaig Tann an grundtstuckhen in bemelter zeit erkaufft und sonsten verbessert worden.

Zu dieser schwaig Tann ist von anno 1622 bis anno 1632 nichts an grundtstuckhen erkaufft worden, darumben daß selbiger zeit hierzue vil oder wenig zu verkauffen kaine gelegenheit verhanden gewest, sonderlich weiln ohne daß bey besagter schwaig an eckhern sich kain abgang befunden, hat man vil zu kauffen für ein unnotturfft geachtet, allain daß man ein zimblich grosse wis, so man von Caspar Zanger wie obvermelt bekhumben, zu besagter schwaig geleget habe, und weiln man des heys, wegen der starckhen anzal roß und vich, so man alda den somer abwaidnen kan und damit man den roßzigl vermehrn könde, mehrers als der bedürfftig, hat man nach dem kriegswösen bey so gueter habenden gelegenheit die grosse zu Rambenthal gelegen wis, so auf ungeferlich 30 tagwerk groß geschätzt würdt, von anno 1639 bis anno 1641 durch einstandts mitl zu gemelter schwaig Tann gebracht, und tueth besagte dem closter in allem yber 100 fl. nit khumen, also summa per se
100 fl.

Summa, was zu den drey orthen als mairhof, Axelschwang und Tann von anno 1634 bis anno 1642 an grundtstuckhen erkaufft worden, belaufft sich auf
1545 fl.

Summa summarum des ganzen kaufschilings, so specificiertermassen von anno 1622 bis anno 1642 und also von den negisten erwichnen 20 jarn hero umb güeter und grundtstuckh, so man an gedachten 3 orthen selbsten baut und geniesst, in allen ausgaben hat
8839 fl. 32 kr.

Hiebey ist auch zu mörckhen, daß 12 tagwerk an obvermelten grossen wis zu Ramenthal, so zu negst am waldt gelegen, und die mosswiß genant wirdt, allezeit im driten jar zu tradt gelegen und nit beheuet worden, damit man sie aber alle jar heuen und niessen derffe, hat man einer dorfgemain zu Tettenschwang zu einem recompens ander 12 tagwerk verwachsenes wismat, so gleich an besagte mosswis gegen nidergang, geg aufgang aber bis an des Tanner kag stossen, solche gestalt eingehendigt, daß sie es jerlich zu einer roßwaidt, oder wie sie sonst wollen, gebrauchen könden, hingegen ist das aigenthumb und forstrecht dem closter vorbehalten worden, und dörfen sie unser der unfruchtbarn grössling und stautewerch, das erwachsen tannholz nit abhauen, hievon sie auch jerlich für stifft und gilt den closter 17 kr. 1 hl. geben, hierumben dan und umb solchen wexl sein beim churfrl. landtgericht Landtsperg zween wexelbrief aufgericht, und jedem tail einer zugestelt worden.

Es sollen auch hiebey billich vermeldt werden, daß dise wis, vor diesem fast sambentlich in das gueth zu Imbenthal des stüfft buechs stuckh weis etlichen zu Tettenschwang aufgesessenen paursleithen, in ein freystifft verlassen worden, gehörig gewest sey, welche wis der zeit zween zu Albrechtsried und zween zu Tettenschwanng, also ihr 4 absonderlich ingehabt, und mit kögern und gräbnen vertailt und underschidnen haben, an jezt aber werden dise viertail in ein wis gericht, und die köger nach und nach ausgraben, also daß niemandts nichts darzwischen weder von äckhern noch wismadt haben tueth, sonder würdt alles in ein durchgehende continuitet und schönen prospect gericht, und mit einen kag oder letstlich einer lebendigen höckhen eingefangen.

Wan man den diser wis wie oben caput VII meldung beschechen, sonderlich den tail, so man zuvor die moßwis genandt, mit gräbnen, und in anderweg vleissig abworden thuet, hat man hievon nit wenig fueder hey zugewatten, und ob zwar selbiges nit alles nach dem bösten ist, es doch für daß galdtvich wol zu gebrauchen und kan des guet heu dagegen anderwerts nuzlich gebraucht werden.

Bey diser schwaig ist sonsten der grösste und weiten halber an feldtern, wismadt, wun und waidt kain sonderbarer abgang, allein manglet man das stro, sonderlich weil man den zechent von der schwaig, nacher Wessenbrunen geben mueß, wie aber disfahls mechte geholfen und der gemelte abgang an stro ersezt werden, hat man auf mitl zu gedenckhen ursach und ist disfahls wol in acht zu nemen, das man sich hinfüran, wie tails vor disem beschechen, laubströ wolfürsechen thue, darzue dan ein aigne laubhietten gericht und verordnet worden, und kan man sich auf des streu mächen auf den mösern gebrauchen, da solches vleissig beschicht, würdt man diser schwaig durch die gnadt gottes sonderlich traidtbaus und roßzigels halber wol zu geniessen haben.

CAPUT XV

Wie hoch sich die vermehrungen und besserung an roß, vich und vahrnuß von anno 1622 bis anno 1632 belauffen thue, und was seit anno 1635 widerumben khaufft und erziglet worden.

Wan demnach die ao. 1622 und anno 1632 ordenlich und nach inhalt der vorgehenden inventarien beschechene vichbeschreibung gegen einander gehalten und conferiert werden, befindt sich, das dise obbedeite 10 jahr sich die mehrung an roß und vich bey dem mairhof und schwaigen auf nachvolgende summa belaufen tueth.

Mayrhof

Anno 1622 befinden sich den 5 febr. nach laut des inventarij an reidt- und zugrossen 19 stuckh. Anno 1632 den 11 febr. sein an dergleichen rossen verhanden gewest 23 stuckh, an jungen follen und stuedten, so man auf das Diser mos triben, 12, also in allem 35 stuckh, tuet der zuganng an rossen 16 stuckh.

An oxen und milchner von ainem bis 6 jahr am alter sein anno 1622 findig gewest 36 stuckh, ao. 1632 77 stuckh, trifft der zugang 41 stuckh.

An khüen und kalmen, fahren und heurigen kölber sein anno 1622 verhanden gewest 53 stuckh, anno 1632 66, tueth der zugang 13 stuckh.

Von jungen und alten schaffen worn anno 1622 verhanden 71 stuckh, und 1632 warn 161 stuckh, zuegang 90 stuckh.

Schwain dero warn anno 1622 25 stuckh, anno 1632 sein findig gwest 53 stuckh. Zugang 28 stuckh.

Summa aller stuckh an roß, vich, schaf und schwein so ao. 1632 gleich vor den feindtlichen einfahl beim mayrhof verhanden gewest   392 stuckh.

Summa alles zugangs oder vermehrung, so sich von anno 1622 bis 1632 beim mayrhof an roß, vich, schaffen und schwein befunden sein   188 stuckh.

Schwaig Axlschwanng

Bei diser schwaig waren anno 1622 mehr nit als 9 zugroß verhanden, anno 1632 aber haben sich an alten und jungen rossen befunden nemblich 20 stuckh, tuet der zugang 11 stuckh, milchner oder oxen waren anno 1622 11 stuckh, anno 1632 aber 17 stuckh, zuegang 6 stuckh.

Melchkhue, fahrn, kalbern und heurige kölber befanden sich anno 1622 55 stuckh, anno 1632 sein verhanden gewest 71 stuckh, tuet der zugang 16 stuckh.

An schaffen ist bey diser schwaig nichts verhanden gewest.

Schwein zu beeden jahrn jedesmahls 10 stuckh.

Summa aller stuckh so an roß, vich und schweinen, vor dem krieg als anno 1632 zu Axelschwang verhanden gewest benantlich   118 stuckh,

summa der vermehrung oder zugangs   33 stuckh.

Schwaig Tann

Es hat sich auch bey jezgemelter schwaig an rossen, vich und schwein anno 1622 und anno 1632 nachvolgente anzahl befunden

Anno 1622 hat man an hengst und stuetrossen alda gehabt 10 stuckh. Anno 1632 waren verhanden gewest an jungen und alten rossen 16 stuckh, zugang 6 stuckh.

An milchner oder oxen anno 1622 17 stuckh, 1632 24 stuckh, tuet der zuegang 7 stuckh.

Khüe, kalbmen und kölber warn anno 1622 62 stuckh, aber 1632 64 stuckh, zugang 2 stuckh.

Schaff anno 1622 15 stuckh, anno 1632 kains.

Summa der bey diser schwaig Tann ao. 1632 verhandenen stuckh ros und vichs   120 stuckh.

Summe des zugangs, die schauf ausgesezt, 17 stuckh.

Dabey zu mörckhen, daß man wegen der ermelte jahr grassierenden wölf bei beeden schwaigen kaine schaf halten könden.

Summa summarum aller stuckh, so sich anno 1632 bey des closters mairschafft und beeden schwaigen, also an allen drey orthen an jung und alten rossen, vich, schaf und schwein, nach inhalt des ordentlichen durch den closter richter in beisein herrn dechandts und castners sambt den darzue gehörigen mayr und schwaigen beschribnen inventarij im monnat Febr. obgesezten jars aigentlich befunden, wie volgt:

Anno 1632 sein an allerlay pferdten, stuethen, föllen und fillel verhanden gewest 71 stuckh.
Zuvor anno 1622 warn in allem findig gewest 38 stuckh.
Trifft der zugang oder vermehrung dise zechen jar 33 stuckh.

An oxen und milchner warn anno 1632 118 stuckh.
Zuvor anno 22 64 stuckh.
Macht der zugang 54 stuckh.

Melchküe, farn und anders galdt vich warn 1632 201 stuckh.
Anno 1622 aber warn 170 stuckh.
Tueth der zuegang 31 stuckh.

Summa summarum an allem roß, khüevich und rinden   319 stuckh.

Item sein an schaffen und lembern verhanden gewest anno 1632   161 stuckh.
Ao. 1622   86 stuckh.
Trifft der zugang   75 stuckh.

Schwein sein anno 1632 verhanden gewest   77 stuckh.
Zuvor anno 1622   47 stuckh,
tuedt der zugang   30 stuckh.

Summa an schaffen und schweinen, so anno 1632 verhanden gewest   238 stuckh.

Summa summarum aller stuckh, so vor dem schwedischen einfahl verhanden gewest   628 stuckh.

Summa summarum aller vermehrung und zuegangs, so die obbedeiten verlofenen zechen jahr hero bey des closters mair- und schwaigwösen, sich an ross, vich, schaf und schweinen, begeben wie volgt.

An rossen im allem   33 stuckh
An oxen und milchner   54 stuckh
An khüe und allerlay galdtvich   31 stuckh
An schaffen   75 stuckh

An schwainen	30 stuckh
Summa summarum an allen sorten und stuckhen	223 stuckh.

Fahrnuß betr.

Es befandt sich auch vor dem feindtlichen einfahl ein starckher zugang und schöne anzahl an allerlay fahrnuß als sonderlich wägen, pflieg und was zum veldtbau gehörig, item kötten, eisen, zueng und was man zu dem stainbrechen, zigl- und kalchöfen vonnötten gehabt, samt andern notwendigen geschürr etc. Welches alles man hie nit specificieren, nach anschlagen oder nach lengs erzellen, doch sovil andeiten wollen, daß sonderlich die eisenfahrnus mit vortl der rennschmidten, bevorab wegen instehendem und konfftigen paus und damit die handtwerchsleith, als schmidt und wagner wol occupiert wurden mit gleichsamb unempfindlichen uncosten zugericht und tracht worden. Aber wie roß und vich, also ist auch dise bedeite fahrnus geraubt, entfrembdt und verlohrn worden. Wolte gott, sie hete zu dem endt und zill, darzue sie verordnet worden, mögen mit nuz gebraucht werden. Doch weiln es gott also gefallen, mueß man es geschechen lassen.

Verzaichnuß der anzal ross, vich, auch schaf und schwein, so man nach dem kriegswösen als von anno 1635 bis anno 1642 tails widerumben beim mayrhof und beeden schwaigen erziglet hat, wie volgt.

Mayrhof

Alda haben sich anno 1642 im monat Maiio an alten und jungen rossen befunden, nemblich an mehnrossen, so beim fueter stehn

	20 stuckh,
dan an jungen waidtrossen, so auch auf das Disser mos triben werden	12 stuckh
suma an rossen	32 stuckh.

Oxen und milchner
Der oxen und milchner von zwåy bis 5 jahr alters haben sich beim mayrhof zu bemelter zeit in der zal befunden, davon gleichwol 8 mastoxen verkaufft und 2 milchner geschlacht worden, nemblich in allen 70 stuckh

Küe, fahrn, und anders jungs vich
Dessen vichs sein bey dem mairhof in obbedeiten 42isten jahr verhanden gewest und inventiert worden in allem,

darunder 32 milchkhüe, benantlich	74 stuckh
Summa diser sorten als oxen und khüevichs	144 stuckh
An schaffen außer der sauglember	150 stuckh
Schwein in allem, sambt denen so verkaufft und geschlacht worden dis 1642 jahrs	75 stuckh
Summa aller stuckh, so derzeit beim mairhof verhanden	401 stuckh.

Axelschwang

Bey diser schwaig befandt sich anno 1642 im Maio

erstlich an rossen
Nach inhalt des inventarij sein bey diser schwaig zu bedeiter zeit verhanden gewest an jungen und alten rossen   21 stuckh.

An küen, und galdtvich
Ingleichen befandt sich zu bemelter zeit an küe und galdt vich in allem   69 stuckh.

    Summa aller stuckh, so an rossen und
    vich verhanden sein   90 stuckh.

Schwaig Tann

Alda befindt sich ao. 1642 zu obbesagter zeit an rossen, küe und galdtvich   4 stuckh

Diser sorten vichs befandt sich in allem   45 stuckh

    Summa tuet   49 stuckh.

Summa aller stuckh an der sambentlich lebendigen fahrnuß, so sich anno 1642 im monnat Maio bey dem mairhof auch obbemelten beden schwaigen wie volgt

    an rossen   57 stuckh
    an oxen, küe und galdtvich   258 stuckh
    schaff   150 stuckh
    schwein   75 stuckh

    Summa summarum aller vor specifi-
    cierten stuckh   540 stuckh.

CAPUT XVI

Daß man jerlichen ein ordenliches inventarium yber vich, veldt und haus fahrnus verfassen sollen.

Was hiesiges gottshaus und closter in negstausgestandtner kriegsnoth für grossen und hochempfindtlichen schaden, sonderlich an allerhand vich und fahrnus erliten habe, ist zum tail oben angedeit worden, und sonst meingelich genueg wisslich. Wan man sich dan diezeit hero an lebendigen und ander fahrnus, gott lob, in etwas widerumb erholt, und bevorab beim mairhof und schwaig Axelschwang ein zimbliche noturfft an ross, vich und fahrnus alberait bekhumen, also würdt nit allain ratsamb sein, sonder auch notwendig beschechen miessen, daß man jerlich alles vich und fahrnus zu einer gewissen zeit, so ungefahr zu endt deß jars am füeglichisten sein kan, beschreiben, und hieriber ein ordentliches inventarium halten thue, und zwar aus nachvolgenden ursachen.

Erstlich weiln solches gewislich zubeschechen, in unsern statutis bevolchen wirdt.

Fürs ander damit man von jar zu jar den zue und abgang unfelbar sehen und die oeconomiam, oder dero notwendige direction sonderlich roß, vich und haubtsechliche fahrnus betr. darnach anstöllen könde.

Dritens, damit man auch von den jenigen diennern und handtwerchsleithen, denen allerlay fahrnus ins gmain, oder jedem insonderheit anvertraut und ein gehendigt würdt, die verantwortung hierumben, der noturfft nach, zu seiner zeit, und alle jahr auf weingist ainmahl, wan man nemblich inventiert, sicherlich begern könde.

Viertens weiln, wo zu gedenckhen, daß bey beschaffnen diengen, und embsige obacht, die jenige diener und handtwerchs leuth, so umb gedachte fahrnus nach gestalt der sachen röd und antw. geben miessen, zu ihrer versicherung auf den gebrauch und versorgung bemelter vahrnus mehrern vleiß und obacht, als sonsten, da niemandts hierauf acht geben haben, und sich befleissigen werden, daß sie bei umbschlagung und ablesung deß inventarij, wie sich gebürt, bestehn, und umb ains und anders so ihnen anvertraut worden, auf beschechen anfrag röd und antworth geben könde.

Damit dan schlüesslich die nunmehr in allem gottlob verhandene vahrnus, nit allein recht und wol erhalten, sonder auch erspriesslich gemehrt worden, ist solches alles, und zwar zuvorderist an dem genedigen seegen gottes, dan auch an fleissiger obacht und gueter direction eines, des closter procuratoris gelegen, der billich darab sein solle, daß dises wolgemaindter und nuzliche inventarium bey gueten würden erhalten und auf bequemliche mitl und weeg, sonderlich an roß und vich, vermehrt und verbessert, auch von jar zu jar fleissig aufbehalten, und daß jüngste gegen dem öltern, deß ab- und zugangshalber, wo nit offter, doch ainmahl zu endt des jars gehalten und collationiert werte.

CAPUT XVII

Frag und antworth, ob nemblich die gedachten vermehrungen der mairschafft dem closter nit mehr schödlich als nuz sein, weiln sonderlich die herzue khauffte veldtstuckh, wisen und anger, wie ob specificiert worden, sovil cost haben und ob nit ratsamber gewest were, daß man das umb die erkaufften und abgelesten stuckh ausgebene gelt an zinsbare höf und güeter, so jarlich ihr gewis gelt und traidt diennen, ausgelegt hete.

Man mechte gleichwol hieryber zweiflen und fragen, ob dise obgemelte vermehrung der mairschafft oder des veldtbaus den gottshaus nit mehr schödlich als nuz seye und zwar aus nachvolgenden ursachen.

Erstlich weiln die verkaufften grundstuckh zimblich nambhaffts gelt costen, so man in anderweg, sonderlich mit erkauffung bestendiger traidtgilten und paurnhof etc. nuzlicher hete anlögen kinden.

Hierauf würdt zu allerseits wolmainenden nachrichtung geantworth, was und sovil das erste dubium anlangt, ist zu wissen vonnötten, daß man die obbedeite grundstuckh zu denen jarn erkaufft habe, da die underthonen thails der erkaufften stuckh nothalber verkauffen miessen und das traidt theurer gewest. Dabey man disen vortl ersechen und hernach im werch befunden, daß sich solche veldtstuckh in kurzer zeit selbst abzelt haben, in massen mit ainem oder zwain exemplen kan augenscheinlich und ganz practice demonstriert werden, als nemblichen daß veldt bey St. Alban ist von Balthasar Lidl erkaufft worden P. 320 fl. Item das feldt am Schedlwaldt ist von Caspar Zanger erkhaufft worden, und im tausch oder wexel angeschlagen worden P. 306 fl. Summa tuen bede felder 620 fl. Nun ist aber wahr und wisslich, daß gleich das erste jar obbemeltes Alberfeldt ertragen und geben hat 20 schl. roggen, hat damahln das schaffl gelten 12 fl., tuet 240 fl., das ander jar ist von disem feldt gefiert und ausgetroschen worden 13 schl. gersten, jedes Ps. tueth 104 fl., das drite jar hat dises feldtl tragen 15 schl. haber, ains P. 5 fl., tueth 75 fl., summa 419 fl. Ingleichem hat das oberfeldtl am Schedlwaldt für das erste jahr ertragen, vesen 43 schl. zu kern ungefahr 20 schl., das ander jar gerssten 16 schl., daß drite jar habern 18 schl. (außer der ainschichtigen mezen), dises obspecificierte traidt, wie es damahln golten, angeschlagen, wie obvermelt, summa 498 fl.

   Summa summarum   917 fl.

Wan man von selcher suma den obbedeiten kauffschilling umb beede feldt als 620 fl. abziecht, bleibt noch prost zu gewin
                          297 fl.

Und weiln in disen beeden feldtern, ab den bey den ackhern gelegen ehegarten oder grasfleckh obgemelte 3 jar gewiß und auf wenigist 12 fueder hey gefechsnet worden, ains allein P. 3 fl. angeschlagen, trifft 36 fl. die summa, wie auch alles stro, so nit wenig wehrt, werden zu obgemelter einnamb nit gesezt oder angeschlagen, sonder für schnider-, mader- und tröscherlohn gerechnet, bleibt also abgesezte suma der 297 fl. yber den khaufschilling, ausser was für das sambtraidt mechte abgerechnet werden, zu gewin, dessen was man von mehrbesagten feldern seithero, nach dem sie sich abzalt genossen, zugeschweigen.

Ist demnach leichtlich hieraus abzunemen, weiln sich obgemelte erkhauffte 2 felder mit einem nit geringen gewin, die ersten 3 jar (zumahl sie selbige jar, aus gewisen ursachen, continuo gebaut und zwaimahl tungt worden) abzalt und yberigen jarhero, als ein gleichsamb geschenkhtes gueth vom closter aus genossen worden, daß auch mit andern hin und wider in feldern gelegenen und bau würdigen neukhaufften ackhern, sonderlich mit den schafflerischen stuckhen und hof zu Rambenthal, respective umb ein schlechtes gelt erkhaufft worden, neben dis beschechen sey, und sie sich sowol und villeicht mehrers als vilbesagte 2 feldt abzalt haben, und das sie jezt dem closter zu gewin gen, nit zu zweiflen. Sovil aber die erkaufften anger, ehegarthen und wismad betr. thuet, ob zwar thails der selbigen in einem zimblichen hochen wert erkhaufft worden, ist doch solches nit zu des closters schaden, sonder wissentlichem nuz und zwar aus nachvolgenden ursachen beschechen.

Erstlich, weiln man gueten thails solche grundtstuckh sonderlich deren, so den underthonen oder andern mit dem aigenthumb zugehört, an ungewisen schulden und ausstandten, so sonst **bevorab** des nachvolgenden kriegswesens halber, wie man laider genuegsamb erfahren, verlohrn worden, angenommen und sich auf solche maß bezalt gemacht hat.

Fürs ander, weiln man den khaufschilling oder den yber bedeite abzüg verbleibenden und schuldigen rest nit gleich bar, sonder auf leidenliche fristen bezalt, also daß man derentwegen kaine schulden machen dörfen, weiln mehrgedachte stuckh von dem gelt, was man nach und nach erhaust und järlich gespart hat, zum tail auch mit deß F. Augustini Keckhens sellig ererbten patrimonio erkaufft, und also des gedachte gelt mit erkhaufung diser benorum immobilium dem closter gleichsamb auf ewig wol angelegt worden.

Dritens, weiln man mit den underschidlich erkaufften enngern, ehegarten und wismadern nit allein den roß und vichzigl nambhafft vermehrt, sondern auch mit den erkaufften veldtstuckhen und des starkh vermerten heuets halber mehrers habenden tungets etc. den veldtbau und vil grösser, besser und trächtiger gemacht, also daß man anjezt umb nit wenig schaffel allerlai traidt mehr als zuvor bauen und haben thuet, davon man wo nit völlig, doch maistenthails die pfister und preuhaus versehen, und hingegen das maiste dienst traidt verkhauffen kan.

Zum vierten ist zwar bekhäntlich und wisslich, daß man vor anno 1632 und also vor dem kriegswösen etliche grundstuckh, sonderlich an wismadern etc. hoch bezalt habe, bevorab wan man bey bedeiten stuckhen den blossen heufang haubtsechlich ansehen und nach dem fueder oder schezen thuet, wan man aber die negst ob specificierte beinuzungen und sonderbare vörtl ansehen will, würdt weit ein anders heraus khumen, auch der obbemelte yberschuß so groß nit mer sein, als er sich anfangs ansehen lassen.

Und ob gleichwol ein oder anderer sagen mecht, es sey danoch gleich, was jezt erzelt und fürbracht worden, zwischen dem kauffen der offtbesagten grundt so vor und denen, so nach dem kriegswösen erkaufft worden, ganz kain comparation des werchshalber zu machen und gar ein zu morckhlichen underschid zu spürn, deme würdt zur antworth geben, daß man disfahls nit die jezige zeit und leif allein, sondern auch die vorigen bedenckhen und in obacht nemmen miesse, dan gewiß und unwidersprechlich wahr, daß man seit anno 1633 bis 1637, also nach dem kriegswösen sovil, ja ein mehrers an güeter und anderwerths und grundstuckhen umb 100 fl. khaufft, also vor anno 1632 vor dem einfahl ins landt umb 1000 fl. nit fail gewest, dahero man sich bey dem closter sowohl und nach dem kriegswösen, der zeit und der leufften, andern leuthen gemeß accomodiern, khauffen und hingeben miessen, wie man kindt, und nit wie man gewolt hat, zumahln einem jedwedern, wie man sagt, der markht khramen lehrent, und gesezt, da man auch alle güetter und liegende stuckh, so man vor und dem kriegswösen kaufft hat, in ain computum zusamen ziechen, hingegen auch, was sie an jezt zu der noch gefehrlichen zeit wehrt sein mechten, schezen tet, würde man gewißlich befünden, daß das closter, auch derzeit nichts oder doch weing daran, wan sie sollen, sambentlich verkhaufft und ains in ander geschlagen werden, verliern dörffe, und da man ye etwas weings verliehrn miesse, wurde an solchem verluest nit die khäuffer, sonder die böse zeiten und unglichsellige zuständt und kriegsleif, deren andere leith so weing als wir befreidt, daran schuldig sein und were mit andern mehr augenscheinlichen demonstrationibus, da sich die sachen nit in ein verdriesliche weitleiffigkeit zuge, leichtlich zu behaubten, daß diese immobilia, so kain feindt hinweeg nemben, noch das feur verzohrn kan, mit nuz seyen kaufft worden, und hinfüran uns und unsern nachkhümblichen, ob gott wil, nit wenig fürtreglich, da man sie anderst recht braucht, sein könden.

Die obanzogne objection aber betr., daß man nemblich das um bedeite veldt und grundstuckh ausgelegte gelt besser angelegt hette, wan man darumben traidtgilten und paurn güetter erkhaufft hette etc. ist nit gewiß, daß deme also sey, dan erstlich ist ganz wislich, daß selbige zeit, als die besagten stuckh khaufft worden, als von anno 1624 bis anno 1629, das traidt jedesmahls in einem hochen wert gangen, dahero damahln wenig güeter und traidtgilten fail gewesen, sonder jeder grundtherr hats selbst zu geniessen und sein vortl dabey zu suechen gewust, und da gleich ein oder anderer nothalber hat verkhauffen miessen, sein doch die anschläg also ybertrieben worden, daß man ainiges münchner schäffel schweres traidt von 7 bis 8 fl. angeschlagen und den gulten gelts gegen geringen und nichtigen eingaben von 40 bis 50 fl., also alles doppelt und noch höcher zallen miessen, und ist wol zu glauben, daß maniche das schl. traidt, den anschlägen nach auf bestendig P. 7 und 8 fl. erkhaufft, so er hernach an der schranen P. 5 und 6 fl. mit schaden verkhauffen miessen. Ob aber ein solcher sein gelt mit der gleichen güeter kauffen wol bösser als vom closter aus mit erkauffung der obgemelter grundststuckh, so sich wie verstanden, maistenthails selbst alberait abzahlt haben, angelegt habe, kan jeder verstendiger wol judiciern, zu dessen urtl und entschiedung obbedeite fragen und antworth gestelt sein sollen.

CAPUT XVIII

Frag und antworth, weiln mit offtbemelter vermehrung und erweiterung des mairwösen, auch die jarliche spesa und hierzue notwendige ausgaben gemehrt werden, ob nit also der nuz davon schlecht und für nichts zu achten sey.

Sovil dan auch dise objection oder einrödt, daß nemblichen neben und mit gedachten vermehrungen des mayrwösens und feldtbaues, auch die spesa und verlag, also die ausgaben nambhafften gewachsen und vermehrt sein worden, betr. thuet, würdt herauf zu gebürender nachrichtung sovil geantwort, daß weder beim mairhof noch beeden schwaigen gedachter vermehrung und erkaufften veldtstuckh halber nit ein ainziger ehehalt mehr als zuvor bis dato sey gehalten worden, ausser daß die zeit und jar, da man so starckh gebaut, umb zwo mehnung mehr, gleichwol nit der veldtarbait, sondern des starckh gefierdten baus halber, darzu man kain ainzige scharwerch verlöhnte fuehr gehabt noch braucht, gehalten und aufgericht worden, und zwar die erste, als die gutschimehnung haubtsechlich darumben, weiln die andern wagenpferdt, neben der notwendigen veldtarbaith, mit teglichen zu fiehrn aller pau materialien also abgement und madt worden. daß sie in die gutschen uberlandt, sonderlich auf einen weiten weeg nit zu gebrauchen gewest, wie es dan die erfahrung zu erkhennen geben. Fürs ander weiln man järlich von 12 bis 14 und 15 gueter pferdt zu beschellen gehabt, so zuvor nit gewest, sein die gutschen pferdt als die etwas schöners und störckhers, dan die andern gemaine zu groß, mit vleiß hierzue verordnet und braucht worden, also das ain den andern gebracht und manicher schöner foll, daraus man gelt hat lesen könden, davon erziglet worden, dritens ist wisslich, daß maurer und zimerleith stetigs ein aigne fuehr, mit dero man stain, khalch, sandt, zimerholz und preter etc. von einem ort zum andern, wo man sie bedürfftig, füern miessen, auf dem hof gebraucht, dahero sein hierzu die bemelten gutschen roß, damit man andere auf die weiten zu schwern fuerwerch brauchen könde, verordnet worden, haben also auf erzelte maß und weis ihr fueter wolgewinen und verdiennen könden.

Weiln auch gleichsamb vonnöten gewest, daß man neben der veldtarbait mit den andern 4 mehnungen ein so groß und starckhe anzahl der pau materialien sonderlich somerszeit (zumahln man wegen der dieffen weeg, so es etlich jar im wündter abgeben, nichts namhaffts auf der schlidenban fuerwerckhen konden) auf den paublaz bringen und fiehren mögen. Dahero hat man noch ain fuehrmehnung und also die fünffte angericht, die aber lenger nit dan drei jar, als nemblich der bau am maisten in schwung gangen, gebraucht worden, sobald man aber aufgehört zu bauen, sein dise mehnungen widerumben bis auf 4 restringiert und abthon worden, als daß man hinfüran zur blossen veldtarbaidt, mehr nit als in allem die gutschenpferdt eingeschlossen, vier mehnungen gebraucht und beim fuetter gehalten hete, da man doch zuvor ehe und dan ain und anders feldtstuckh verkaufft oder der hofbau gemehrt, auch da man ainzigen haubtpau gefüert, eben so wohl als man starckh und namhafft baut vier mehnung gehalten hat, wie dan auch erst dise zeit hero, als man den hof zu Rambenthal einthon, die fünffte mehnung obverstandenermassen, wiederumben aufgericht worden.

Die ordinari ehehalten, als khnecht, mägt, hüeter und bueben betr. ist nit umb ein ainzigen, wie ob gemelt, mehr als man zuvor gehabt, dingt worden, und ungeacht der starckhe und eilferdigen gefürte bau, wie jederman wislich, vil ungelegenheiten bey dem mayrwesen verursacht, ist doch durch die gnat gottes, mit gedachten und an die zahl ungemehrten ehehalten feldt und hausarbait, umb wievil gleich das mair und schwaigwösen, angedeiter massen, vermehrt und erweitert worden, so guet als zuvor bis auf den schwedischen einfahl, da man gleich ganz von haus lassen miessen, verricht worden, daß weiln man vor diesem als vor anno 1622 kaine oxen oder anders vich auf den kauff gemöst, oder zur geltlosung gericht, zu deme auch weder junge fohln, stuethen noch fillel beim closter oder mayrhof gehalten worden, welches aber an jezt etliche jar hero beschechen, also hat man gleichwol kain vermehrung der ehehalten, sonder bloß ein solche abwexlung fürgenommen, daß nemblich beede roßhüerten, als von Tann und der Axelschwanng, windterszeit herein ins closter genommen worden, under welchen der aine 12 mastoxen, der ander aber von zöchen bis zwölf und noch mehr jungen stuethen und hengst folln warten und selbsten stro, heu und gruemadt schneiden, fürgeben und andere hierzuegehörige arbait verrichten miessen, mit welchem sie ihr cost und schlechten lohn gewislich jedermans erkhandtnus nach wol verdiennt und mit dieser ihrer verrichtung dem gottshaus nit schad, sonder nuz gewest sein.

Die handtwerchsleith als sonderlich schmidt und wagner belangent, sein zuvor sowohl als jezt beim closter mit cost und lohn underhalten gewest, ist ihnen auch der offtbesagten vermehrung halber nit umb ain einzigen creizer mehr als zuvor zu lohn bis dato geben worden, was und sovil die gemaine tagwerker als mader, heuger, schnider etc. belangen thuet, wan man die vorigen und jezigen ausgaben, so sumerszeit die camerer underhanden gehabt, und verrechtnet haben, gögeneindander hölt, befindt sich respective ein schlechtes mehr als zuvor und hat man hiebey die mehrere einnamb so an traidt und verkhaufftem, auch zum täglichen brauch verwendten roß und vich, heriert, entgegen zu bedenckhen und sich der mehrern spesa oder ausgab halber kains verluests zu befürchten.

Es mechte aber yber diß alles ain oder anderer sagen, hieraus kan man noch nit abnemben, ob offtermelte vermehrung der mairschafften dem closter nuz oder schedlich sey, wan man aber yber einnamb und ausgab beim schwaig- und mayrwösen ein richtige computation und rechnung jerlich machen thett, wurdt man baldt sechen, ob sich nit mehr verluest als gewin hiebey befinden wurde, seitemahl hierzue ein gleichsamb tegliche ausgab und offner säckhl erfordert würdt.

Damit man also auch in disem zweifel der sachen recht auf den grundt khommen und augenscheinlich sechen könde, ob man mit dem negsten vor dem mair- und schwaigwösen, in den negsten vor dem schwedischen einfahl vorgehunden jarn, hinderisch oder für sich gehaust habe, und ob hinfüran gwin oder verlust bey dem mairwösen zu hoffen oder zu fürchten sey, solle hiemit ein ordentliche computation und abzug der ausgaben von den einnamben, doch zu verhietung aller weitleiffigkeit und confusion allain eines ainigen jars, so das negste vor dem schwedischen einfahl und also das 1631iste sein solle, hierher zu einer prob gesezt worden.

Volgen demnach alle einnamb so von der mairschafft und schwaigen heriern und sich anno 1631 nachgeseztermassen begeben haben

Einnamb an traidt

Anno 1631 ist beim mairhof erbaut worden an allerlai traidt, als roggen 146 schl., vesen 98 schl., gersten 50 schl.
Zu Axlschwang ist damahln erbaut worden roggen 15 schl., vesen 86 schäffel, gersten 13 schl.,
zu Tann hat man damahln erbaut roggen 5 schl., vessen 88 schl., gersten 3 schl.

Summa summarum

roggen	166 schl.
vesen	272 schl.
gersten	66 schl.
Summa summarum an allem traidt ausser deß habern	504 schl.

Den roggen angeschlagen das schl.   P.   6 fl.
die gersten P.   5 fl.
den vessen P.   4 fl.
    Tuet zu gelt in allem   2414 fl.

Dabey zu mörckhen, daß etliche juchert ackhers, so nach Axelschwang erkhaufft und sonst von neuem zugericht, daß jar nit völlig seien erbaut worten, hette sonst noch ein mehrers ertragen, und weiln der habern, so man beim mairhof und schwaigen erbaut, mit den mehn rossen und gestüet verfrezt und braucht würdt, geschicht dessen weder hie in einnamb noch hernach in der ausgaab meldung.

Einnamb an roß, vich und schmalz etc.
Erstlich dises obgemelte 1631iste jar den herrn Jesuitern zu München ein junges pferdt verkaufft   P.   70 fl.
Damahln einen pierpreuen zu München dergleichen follen verkaufft   P.   70 fl.
Diß jar herrn pfarer zu Hofstöthen verkaufft ain zwaijerigen follen   P.   58 fl.
    Suma von verkhaufften rossen   198 fl.

Oxen sein dis jar abgemöst worden 12, davon 9 verkaufft, 3 geschlagen und verspeist worden, jeden P. 47 fl. angeschlagen, tuet   564 fl.
Mehr sein geschlacht worden 3 grosse fahrn, ain P. 35 fl. thuet   105 fl.
Gemaine schlachtrind als khüe und junge milchner 11, ain stuckh ins ander P. 10 fl.   110 fl.
Mehr 12 schwein, so etlich wochen gmöst worden, verkhaufft P.   125 fl.
Item 11 mastschwein fürs closter geschlacht, jede zu 14 fl. angeschlagen   154 fl.
Mehr aufs wenigist 50 schaf und hämbl, auch 70 kölber zur khuchl braucht, ain P. 2 fl. 8   240 fl.
Vom mayrhof und beeden schwaigen an schmalz empfangen 30 Ei., ain P. 15   450 fl.
    Suma aller vichnuzung   1946 fl.

Summa summarum an traidt und vich die ganze nuzung   4360 fl.

Volgt hingegen allerlai ausgaben, so obbemeltes jar auf daß mair- und schwaigwösen und darzu gehorige ehehalten und handtwerckhsleith, auch sonst in ander weeg spendiert und ausgeben worden wie volgt.

Ausgab auf mair- und schwaig ehehalten an traidt.
Für das mayrhaus, Tann und Axelschwang würdt monnatlich für alle drey orth in allem an malltraidt verbraucht, als kern 3 schl., roggen 6 schl., gersten 7 1/2 schl.

Summa fürs ganze jar kern 36 schl., roggen 22 schl., gersten 90 schaffel.

Item würdt den handtwercksleithen und dienern, so aigentlich und maistens zum mairwösen braucht werden, an traidt für besoldung und lohn geben jarlich kern 1 schl., roggen 13 schl., gersten 11 schl.

Suma aller ausgab an traidt, so auf besagte handtwerchsleith und ehehalten geht, wie volgt

kern	37 schl.
roggen	85 schl.
gersten	101 schl.

Zu gelt angeschlagen

den kern P. 8 fl.	296 fl.
den roggen P. 6 fl.	510 fl.
gersten angeschlagen P. 5 fl.	505 fl.
suma an traidt	1311 fl.

So macht die gelt besoldung obbesagter handtwerkhsleith und ehehalten für das ganz jar in allem   638 fl.

Item würdt zu abrichtung der taglöhner mehr zu underhaltung der vahrnuß haus und hof etc. gerechnet   1200 fl.

Suma summarum aller obspecificirten ausgab an traidt und gelt   3149 fl.

Wann also dise ausgaben von obbesagter einnamb aufgehebt und abzogen würdt, bleibt noch an traidt und vichnuzung herein zugwin   1201 fl.

Dabey dan auch yber aberzeltes und negstgesezten gewins rest, sein noch zu erwegen und zu bedenckhen allerlay vom mair- und schwaigwösen herrierende beynuzungen, als erstlich das vilfeldige und underschidliche fuehrwerch, so yber und ausser der feldtarbait, beim closter järlich zu haus und yber landt beschicht, und verricht würdt, der tagliche nuz bei der khuchl mit gefligl, ayr, milch, kreitern etc, beim kheller mit befirderung des preuhaus wegen des gerstenbaus, bey der vesterey mit flaxspinen und allerlay gewürckh etc., also daß man habender erfahrung nach auf dem landt oder gay ohne ein wolbestelte und nuzbare mairschafft bei einem bevorab grossen hauswösen, als sonders bey den clöstern abgibt, nit wol fortkhumen und fürtreglich hausen kan.

Damit aber daß obbemelte dubium noch mehr solviert und erleidert werde, würdt hiebey auch in specie gesezt und ordenlich verzaichnet, was nur von den negsten 4 und 5 jar vor dem kriegswösen und feindtlichen einfahl, allain aus roß und vich, ausser des schlachtvichs auch der jungen pferdt, so zum reithen aufgestölt und im fuerstall vermöhnt worden, derrn nit wenig gwest (des traidts, was an den erkhaufften und durchgehendt andern veldern und ackhern erbaut worden, zu geschweigen) von jar zu jar gelest und an barem gelt eingenomen worden und ist solches hernach ordenlich specificiert zuvernemen.

Einnamb an rossen

Zu mörckhen, daß von anno 1622 bis anno 1629 an jungen rossen und follen nichts verkhaufft worden, weiln man sich auf den roßzigl damahln nit begeben, und erst obgedacht 1629isten jars damit ein rechten anfang gemacht hat.

Anno 1629

Den 11 Januarij dem herrn von Tering zu Seeveldt etc. zwen dreyjerige follen verkhaufft P. 180 fl.

den 8 Febr. bemelten jars herrn pfarrer zu Altingen ain dreyjerigen follen P. 85 fl.

Item 28 Febr. in daß stathaus zu München ein jungs pferdt verkhaufft P. 95 fl.

Den 25 augustij dis jar Marthin Penzinger zu Wailhaimb ein junges pferdt P. 80 fl.

Den 7 Novembris ut supra dem kistler paurn zu Oberschondorf ein junges stüethl zu khauffen geben P. 25 fl.

Sa. 461 fl.

Anno 1630

Den 8 Marty bemelten jars gedachten Marthin Penzinger ein dreyjeriges roß P. 75 fl.

Den 10 Aprilis hernach ins stathaus nacher München verkhaufft ein junges pferdt P. 90 fl.

Zu gedachter zeit herrn von Teringer zu Seeveldt etc. ein dreyjerig follen P. 100 fl.

Suma dis jar 265 fl.

Anno 1631

Den 8 Marthy den herrn Jesuitern zu München ein junges pferdt P. 70 fl.

Ermelten tag einem pierpreuen zu München ein drey jeriges pferdt verkaufft P. 70 fl.

Den letsten Marty herrn pfarer zu Hofstethen ain jungen follen P. 58 fl.

Summa für dis jar 198 fl.

Anno 1632

Den 20 Febr. dem schmidt zu Ludenhausen ein stüethl verkhaufft P. 29 fl.

Den 2 Marty Eva Giggenbacher alhie ein dreyjerigen follen verkhaufft so angeschlagen worden P. 45 fl.

Damahln herrn pfarrer von Hofstöthen ain zwayjerigen follen verkhaufft P. 39 fl.

Summa dis jar 113 fl.

Summa summarum ist die obbemelten vier jar aus den jungen rossen
oder follen in allem erlest worden   1037 fl.

Es ist auch hiebei nit zuverschweigen, daß anno 1632 vier schöne
junge und dreyjerige follen, ein schöner ganz schwarzbrauner von
neopalitanischer art gewesen, so viller mainung nach in kurzer
zeit auf 100 reichstaller zubringen gewest were, sein neben dem
frieling aufgestölt und zum verkhauff gericht worden, welche
auch noch dises 1632 jar hetten umb ein nambhaffts gelt mögen
verkhaufft werden, aber sie sein sowohl als andere pferdt, schöne stuethen und follen, von den schwedischen geraubt und entfiert worden, gott geb gnadt, daß man baldt wiederumb zu einem
so schönen gestüeth und gueten roßzigl, so zur geltlosung, wie
aus obbemelten specificationibus wol abzunemmen nit das geringste mitl glickhlich gelanngen möge.

Einnamb umb verkhauffte oxen

Anno 1626

Auf ostern bemelten jars Hannsen Huebern, mezgern zu Landtsperg,
10 oxen verkhaufft   P.   500 fl.

Anno 1629

bemeltem Hueber nach Landtsperg verkhaufft zechen oxen
          P.   520 fl.

Anno 1630

Ebenmessig deme nach Landtsperg zechen oxen   P.   540 fl.

Anno 1631

Abermahln ihme und nach Fridtberg 9 oxen verkhaufft
          P.   423 fl.

Anno 1632

Achtag vor ostern nacher Landtsperg und Fridtberg verkhaufft
10 oxen   P.   430 fl.

Summa summarum, was obgesezte jar aus mastoxen ausgelest und eingenommen worde   2968 fl.

Einnamb umb schwein

Anno 1629

Den 31 Marty dem mezger zu Dinzlbach verkhaufft 13 mastschwein
          P.   138 fl.

Anno 1630

Mit fasten bemeltem mezger verkhaufft 14 schwein
          P.   160 fl.

Anno 1631
Auf ostern nacher Friedtberg verkhaufft 12 schwein P.   125 fl.

Anno 1632
In der kahrwochen nach Fridtberg verkhaufft 10 schwein
P.   100 fl.

Summa summarum aus schwein, so beim mairhof erziglet worden, gelestes gelt thuet in allem   523 fl.

Summa summarum aus roß, oxen und schwein gelestes gelt
thuet in allem   4528 fl.

Es ist auch hiebey yber oberzeltes alles wol zuerachten und zu
bedenckhen, daß dise losung, so allain von roß und vich herriert,
und in weing jahrn, auch zu einer solchen zeit, da man wegen deß
starckhen paus und vil gehabter mehnross dem mast auch jungen
vich und follen nit recht aus wartten könden, sich auf ein zemblich starckhe suma gelts beloffen, so vor disem und ehe man anger und wismader erkhaufft, und von neuem zuegericht, nit gewest,
und würdt man das gelt, was man zuvor aus roß und vich gelest,
balt zölt haben, ob aber die erkhaufften ehegerten und wismader
sich hiemit nit gueten tails, wie oben meldung beschechen, obzalt
haben, kan jeder verstendig selbs erwegen, und da die zustendig
zu Ober- und Underfiningen erkhauffte änger und wismader, so man
vast alle erst das leste jar von dem schwedischen unwesen eingethon, heten konden eingefexnt und genuzt werden, wurde es bey
dieser vichlosung nit gebliben, sonder noch ein mehrers mit dem
gnad gottes zu hoffen gewest sein.

Beynebens ist auch sonderlich das zu erwegen, daß obbemelte wenige jar zu einer volkhomenen mairschafft erst ein anfanng sonderlich mit dem roßzigl gemacht worden, da doch ein nambhaffte
vermehrung oder bösserung nit gleich das erst, ander oder drite
jahr beschechen kan, sonder nach der weil und von jahr zu jahr
wachsen und zuenemmen mues. Seitenmahln erst anno 1631, nach dem
man den bau zum maisten vollendet, recht zu den sachen gethon
worden, und man sich umb die mayrschafft, roß und vichzigl be-
hörlich und embsig angenommen hat, da man es also continuiern
und ferrers mit vorhabender gueter disposition verfahrn könden,
ist nit zu zweiflen, man wurde gedachtes mayr- und schwaigwösen
an traidt- und vichlesung weit bracht haben; wie man dan vast
vergwist gewesen, daß offtbedeite des closters hauswurtschafft an
der traidtnuzung wegen deß starkh vermehrten veldtbaus noch umb
vil zuverbössern und wol dahin zurichten gewest were, daß (zumahln alberait ein gueter anfang gemacht und fast alles speistraidt, wie auch das fuetter für die pferdt doppelt und auf 2 jar
zusamen bracht worden) man allezeit, wo nit jerlich doch yber das
ander jar alles dienst traidt, ausser etwas an gersten und habern, hete neben einer noch grössern anzahl an roß und vich, als
oben specificiert worden, verkhauffen könden, welches dan noch
zu konfftigen und riebigen jarn, mit der hilf gottes, da man anderst will, auch disfahl fleiß an wendt, und nach der weil daß
mair- und schwaigwösen in vorigen oder nach mehr und besserm
standt richten thue, wol beschechen würdt, weiln feldt und äck-

her, anger und wismader, wun und waidt, mayrhof, schwaigen, stedl und ställ etc. noch 2 wie zuvor verhanden (gott lob) und sich auf vorige maß und weis geniessen und brauchen lassen.

Ist demnach aus oberzelten allem hoffentlich genuegsamb zuvernemmen, daß vilgemelts mair- und schwaigwösen, sonderlich die vermehrung und reformierung desselbigen dem gottshaus im wenigisten nit schad, sonder nuz gewest, und hinfüran erst recht eintreglich worden were, da nit die laidig spoliationes und schwere aufriehige zeiten, wie obvermelt, eingefallen werden und allen glickhlichen progreß und guete dispositiones verhinderdt hetten, aber man mueß es gott bevelchen, und darumben nit gleich alle guete concept und anschläg vergebens fahrn lassen und in windt schlagen, sonder sechen und trachten, wie daß verlohrn widerumben erhalten und durch gottlichen beistandt, mit angewendem vleiß, und sovil möglich aufgesezer spesa, alles nach der weil, durch die gnadt gottes widerumben in vorigen standt gericht werde, also dan würdt man erst recht obbeschribnermassen sechen und im werckh erfahrn könden, ob das mair- und schwaigwösen dem closter nuz oder schödlich sey, under disem muß man es gott bevelchen.

VIERTE OBSERVATION

Handlet von des closters fabria oder gebeuen, zimer und wohnungen

CAPUT I

Anno 1622

Warumben man anno 1622 zubauen angefangen und was dis jar hiemit fürgenomen und an gelt auf den bau ausgeben worden.

Es ist khundtbar und wisslich, das bei unserm closter Diessen vast allenthalben, sonderlich aber bei allerhand officinen, mayr- und schwaiggebeuen, wie auch bei den incorporierten pfarrhöfen, widen- und zechentstädlen, starckhe und ferers undleidenliche baufelligkheiten sich befunden haben, damit aber solchem unhail abhelffe und weiterer ungelegenheit und gefahr, so durch die ganz baufellige, thails zum einfallen, auch sonst zu allerlay unthreu und ungebür gerichte, hin und herstehende heußl, winckhl und feurhitten ervolgen mechte, vorkhumen thue, ist durch herrn praelaten und ein ehrw. convent sovil beschlossen, wie auch laut derentwegen gdigist. erhailten concessions bevelch, bewilliget worden, daß man sich beim closter umb ein nuzbarn und zwar anfangs die officinen und mayrwösen betr. bau annemmen und damit verfahrn solle, wie aus nachvolgender frtl. bevelchs abschrifft zuvernemen ist.

Von gottes genaden Maximilian, pfalzgrave bey Rhein, herzog in obern und nidern Bayern etc. des Hl. Röm. Reichs erztruchseß und curfürst.

Unsern grueß zuvor, ersamber in gott lieber gethreuer, wür haben eur diemietigistes petition schreiben, umb erthaillung unsers consens zu erbauung des mayrhauß und darzu gehörigen vich- und roß ställ, bei eurem anvertrautten closter im rath hören lasen, wolln euch darauf unsern consens das ihr mit vorhabendem bau doch mit pau verstendiger rath verfahrn sollet, damit ein nuzlich, ordentlich und bestendige arbait gemacht werde gdist. erthailt haben, wolten wür euch nit pergen,
Datum München 4 9bris anno 1624.

Dem ersamen in gott, unserm lieben gethreuen probsten unseres closters Dießen, Hainrich Ziegler.

Weiln dann zu solchem vorhabenden pau hoch vonnötten, das man zeitlich allerlay pau materialien ordnen und die hierzu nottwendige officinas, als kalch und zieglöfen, städl und hütten aufrichten thät, also ist mit solchem nottürfftigen werkh alsbald anno 1622 im merzen einfanng gemacht worden, und sein gedachte städl und öffen, sonderlich der zieglstadl und ofen, wie auch ein ganz neues haus für den ziegler samb darzue gehörigen hüttwerch, so wegen des abraumens und austrockhen eines so wilden orths vil cost, ganz von neuen erbaut worden, und hat man den gedachten zieglstadl darumben vom closter an den Pflindser zu negst der zieglerden und prennholz transferiert, die weiln man die erden und holz, so man sovil hundert tausent stuckh stain und tachzeug, alß man alberait gemacht und noch zumahln vorhabens gewest, in mangl der fuehrn und wegen des weiten und besen wegs nit hat herab bringen khönden und zu nechst dem closter sovil ziegl erdt und holz, als man bedürfftig, nit verhanden gewest, zumahln man die negstgelegene wäldt, als sonderlich dem Schedlwaldt und prandt zu zimer- und schneidholz wol bedürfftig gewest und ganz abgehaut hat. Dieses 1622 jar ist auf den bau ausgeben worden
                  1034 fl. 54 kr.

CAPUT II

Waß dies jar - anno 1623 - baut und auf gedachten pau ausgeben und an gelt bezalt worden

Anno 1623 hat man zu anfang deß frielings verspiert, daß der ursprung des deichlwassers, so ins closter gefüert würdt, an underschidliche ort sich zerthailen und versizen wollen, demnach hat man die ausgerissne fliß und abseiz laufende adern widerumben mit sonderen miehe zusamen graben und ein söer wolverwarte prunen stuben formiert und von neuem erbaut, so zuvor nit gwest, also nit allein diesen ursprung, so ins closter verstandner massen gefiert würdt, sondern auch dahero haubtsechlich entsprinngen milbach also zugericht und versagt, das es nit allain den torbrunen im closter, sonder auch dessen milwerckh wol zu guetem kumbt.

Diesen somer ist auch der opstgartten, so gegen dem closter an pach, gögen St. Martin aber an den gangsteig stoßt, mit einer sehr langen und hochen maur von neuem eingefangen und mit guetem opstbaumen versözt worden, welche maur und angleichung des gartens nit wenig cost.

Es ist nit weniger wisslich, daß sich bey dem im closter stehender millwerch nit allain an dem gehenden zeug, sondern auch an gemäur und zimer ein starckhe und villeidentliche baufelligkheit anno 1622 und vil jar zuvor befunden habe, also das man selbigs ohne schaden und gefahr ferers nit wol mehr brauchen khönden, ist demnach nit allein die mahl-, sonder auch die schneidt- oder seegmille von grundt abbrochen und alles aus den grundt und wasser von neuem erbaut worden, und weiln zuvor das wasser etwas zu under gefuert worden, also daß es mehr nit als drey milgäng und ain gang auf der seegmill hat doch nit allezeit getriben, ist solches millwerckh damahls gericht und das wasser so hoch auf getriben worden, daß man jezt fünff mahlgang auf der seegmihl, auch zwen ordinary gang säggang samb einem formier sägl und stätig brauchen kan, welches sonderlich der schneidt milln halber zu den pauen, darzue man grosse anzahl prodter verbraucht, ser fürtreglich gewesen.

Man kan beinebens auch leichtlich erachten, daß man bey vorhabenden pau nit allain zu allerlay eissenen gättern, nögl und banden, schaufflen und klamern etc., sonder auch zu allem in den stainbruch und für die maurer gehörigen werchzeug als eisene schallen, schlögl, stangen, ächst und bröch- oder höbeisen, wie auch zum fuehrwerch an wagen, schlaipfen, kötten und dergleichen eisenzeug vil centen eisen bedirfftig sein werde, dahero hat man die beim closter zuvor verhandene, aber ein zeitlang nit gebrauchte eisen- oder brennschmiden wiederumb an zimern, wasserwerch, rödern, blasbalgen, renn- und schidtöfen etc., also gleichsamb von neuen zugericht, daß man die jar hero sovil eisen dabey gewendt und geschmidt, von dem man nit allein etliche jar in die 100 centen jerlich verkhaufft, sonder noch darzu oberzelte notturfft an allerlay eisen zum bau und mayrwösen solcher gestalt haben khönden, daß das verkhaufte eisen das beim closter verbrauchte zalt hat, und also umb sonst khomen ist, dessen doch vil centen gewest ist, welcher vortl dem closter bei besagtem pau wol bekhomen.

Diß obbemelte 1623 jar ist auch ein aigner ziegler aufgenommen worden, so bei dem zieglstadl gewohnt und man ihme für den prandt nach dem tausend stain und tachzeug gelohnt hat.

Man hat auch den herbst und windter in beeden stainbrüchen starckh gearbait und mit zufüehrung allerlay paumaterialien nit gefeurt.

Ermeltes jar ist allerly gemainen handtwerchsleithen als maurer und zimerleithen, auch den tagwerkern, so obverstandnermassen gebraucht worden, an gelt geben und bezalt worden
            770 fl. 53 kr. 1 hl.

CAPUT III

Anno 1624

Was man dis jar baut und darfür bezalt habe.

Demnach dieser zeit sich begeben, daß ein und anderer ursachen halber, bevorab wegen der stätigs anwesenden, auch ab und zu raisenden handtwerchsleuth, umb ein nambhafftes mehr als zuvor an pier aufgangen, also daß man jerlich in die 600 und noch mehr gulden darfür bezahln miessen, dahero hat man ein aigenes preuhaus sambt einen gerechten und dieffen keller für die somerpier zubauen für ratsamb geacht, welches dan dies jar beschechen und gott lob mit guetem und empfindtlichem nuz ganz von neuem erbaut worden ist, und was solches dem closter dise und vorige jar genuzt habe, ist genuegsamb wisslich.

Disen somer ist auch der pfarrhof zu Utting inwendig vast ganz neu aufgebaut, der widenstadl und die darzue gehörige stallungen sein von grundt auf alles von neuem holz und tachwerckh erbaut worden, solchermassen auch bei der pfarr Kaufring mit der pfarers stadl und stallungen beschechen. Ingleichen hat man auch den zu bemeltem Utting zum closter gehörigen zechentstadl inwendig ganz anderst gemacht, undermaurt und von neuem gedöckht; dises jar ist beinebens ein ganz neuer ziglstadl oder hütten aufgesezt worden.

Item herbst und windter aber hat man mit praeparierung und zuefierung allerlay materialien, so zum vorhabenden pau vonnöten, starckh gearbait.

Dis 1624 jar ist für alle hierzu gebrauchte handtwerchsleuth und tagwercher bezalt worden   1106 fl. 16 kr.

Neben dem ist für obbemeltes neues preuhaus, kössl und allerlay notwendigs preugeschier, wie auch underschidliche clain und grosse faß bezalt worden   300 fl.

    Summa summarum   1106 fl. 16 kr.

N.B. Dis jar ist etwas mehrers als jezt beschribne gebeu costen darumben ausgeben worden, weiln das völlige zuerichten des millwerchs als stain, roder und anders in gebeu, sonderlich auch die schrauffen und alles eisenwerch nit wenig cost haben.

CAPUT IV

Anno 1625

Würdt erzelt, was anno 1625 baut und den handtwerchsleithen, auch tagwerchern, an gelt geben worden.

Dis 1625 jar ist zu Oberschondorf wegen des in jezt erzelten 25. jar dem closter haimbgefallenen großen zehents, so vor verleib-

geding war, ein ganz neuer zechentstadtl sambt einer stallung, auf
4 roß gebaut, und mit ziglen döckht worden.

Man hat auch damehln underschidliche paufölligkheiten, sonderlich
an den tächern bei dem pfarrhof daselbst gewendt und verbessert.

Dises jar ist auch ein ganz neuer zechentstadl zu Bierdorf auf-
gesözt und mit zieglen döckht worden.

So hat man auch den zechentstadl zu Raisting mit neuen geschwölln
durch zigen mandl und tramen, auch 2 neuen torn, und sonderlich
am tachwerch vast von neuem zugericht.

Ingleichen hat man auch ein ganz neue schiffhiten im Amersee aufgesezt, und ein großes neues schiff, darinen bey 15 oder 18 persohnen fahrn könden, machen lassen.

Eben dis jar ist bei des closters schwaig zu Axelschwang ein ganz
neuer stadl, darinen drey vichstöll sein, darumben daß man wegen
der zechenten so jezt hinzue geführt werden, wie auch der mehrung
und hinzuekhaufften grundtstuckh halber mit heu und stro nit mehr
underkhommen mechte, aufgesezt werden. Man hat auch dem alten und
grossen traidtstadl erweitert, auch etliche vich und roßställ
ganz ausprechen, verändert, und sonderlich des gestüets halber zu
jezigem brauch acconodiert und gericht, beinebens ein schönen
grossen hoff mit thill und torhelm von neuem eingefangen, und
sonsten haus, stadl und stallung, zimer und töcher nambhafft gebessert und zu einem bestandt gericht.

Den herbst und wünder ist abermahln mit vil leuthen, auch von 7
bis 9 und 10 geschirn oder mehnung mit herzuebringung holz und
stain gearbait worden. Dis jar hat man für maurer, zimerleith
und tagwerk bezalt   512 fl. 22 kr. 2 hl.

CAPUT V

Anno 1626

Dis jar hat man dem mayrhof an gelt zu bauen, auch was disfahls
baut und auf solchen bau ausgeben und bezalt worden.

Weiln man befunden, daß das mayrhaus, auch die daran gebaute
roß- und vichstall, an gemaur, zimer und tächern so baufellig gewest, daß sie mit nuz nit mehr zu repariern oder zuverbessern,
auch zu jezigem gebrauch nit leichtlich, darumben daß alles zu
gleich emig und clain gewest, hete khönden gericht werden, also
ist besagtes mayrhaus ganz transferiert, selbiges und die dar-
gehörige stallungen auf ein von neuem darzue gerichten pauplaz
gesezt von grundt aus sambt seinen pertinentiis, das haus zway-
gädig, die oben und unden anstossente stallungen aber 1 1/2 gaden hoch gebaut, und alles mit zieglen döcht worden, das nit allein alles mayrgesindl ordenlich mit absonderlichen zimmern und
kammern zu vermeidung allerlay verdechtlichen schlüefwinckhlen,
wie auch besonderbaren koch- und haizkhuchelen für die ehehalten,

und das vich, sambt einer wolgeordneten waschstadt, dardurch der ganze milbach rindt, hennenstuben, absonderlichen schönnen grossen kraut- und milch kellern etc. wol versechen, sondern es sein auch die roß- und vichställ also geordnet worden, das jeder sorten vichs, der art und jahrn nach, an absonderliche bärn und doch alles in 130 stuckh in einem stall fueglich khönden gestölt und ihnen die füeterey, was auf jedes gehörig, absonderlich und ordentlich kan fürgeben werden. Darzu dan die heu und stro plannen, so gleich ob dem stall ganz komblich und fieglich, wie auch die an die stallung gebaute haiz kuchl darnach geordnet sein, also das man im stal wegen der gesöder winderszeit haiß und khalts wasser haben khan und nichts tragen darf, damit auch alles vor feur sicher sey, sein die haizkuchlen und vorflöz alle sauber gewölbt und wo es am geferlichisten sein mochte, eisene türn angehengt worden, dern zwar noch etlich mannglen. Neben diesem sein auch zunegst dem mayrhaus und stallung zwen große rörprunen, dabey man das vich trenckhen kan, aufgesezt und gericht worden und zwar, daß von solchem das wasser in die koch- und beede haizkuchlen, ja so gar in die kössl, wan und wieviel man will, rünen thuet.

Den herbst hat man widerumb wie zuvor allerhand pau materialien auf den hoff und zum closter gefiert, welches wegen der grossen und langen zimmerholz, so man zum casten bedürfftig, vil miehe und gelt cost hat.

Die ausgab dis oberzelten jars, so auf gedachten bau und arbait gangen, ist gewesen   1428 fl. 5 kr. 5 hl.

CAPUT VI

Anno 1627

Von erbauung deß traidt castens und marchstalls, auch was dis jar für pau cösten auffgangen.

Aus vilerheblichen ursachen hat man den traidt casten sambt dem marstall transferiern und etwas grössers, auch geleglicher als sie zuvor gewesen, bauen miessen, welches dan dis 1627 jar mit den gnaden gottes beschechen.

Damit demnach alles des closters traidt, sonderlich was zum verkhauff verordnet worden, und zu zeiten nach gestalt der jargänng zusammen behalten würdt, an allen seinen sorten desto füeglich und nuzlicher auch ohne gefahr möge aufgeschitt werden, ist getachter neuer casten desto größer, mit drey underschidlichen böden, und zwar also gebaut und ganz frey gesezt worden, daß er von allen 4 orten lufft und liecht haben khan, dabey ist zu mörckhen, daß alle fenster, so in den schiesen ganze, an der seiten aber halbe kreizstöckh sein, ordenlich mit glas und enggestrickhten eisenen gättern wol verwart worden, also daß man den lufft nach gestalt der zeiten haben oder spörn, wie auch spazen und unziffer abhalten khönde; und weiln vilbesagter casten aber 200 werckhschuech lang und 40 brait, damit man also das traidt nach dem aufziechen jedes bald an sein gehöriges orth bringen khönnde, hat man zween absonderliche aufzüg, so der braiten nach, miten auf dem casten durch alle drey poden gehn, mit rödern ganz bequemblich gericht, also daß ihr 2 oder 3 personhen bey jedem aufzug gar geschwindt ein sackh traidt herauf, herentgegen, wan man traidt abgibt, ein ainziger in einer halben stundt vil schöfel hinab lassen kann.

Under disem casten, in dem underisten gaden, sein sowohl für deß closters reitroß, gutschenpferdt, als auch für die schönste fürnembe und junge follen, so zu des gotteshaus brauch oder zum verkhauff sollen aufgestelt und abgericht werden, wie beinebens für der göst pferdt und andere der giltpaurn und so beim closter scharwerckhen ankhomende frembte roß, absonderlichen hier stallungen, in denen auf wenigist 50 pferdt können gestölt werden, gericht worden: und weilen ein jedes sonderlich fürnembes pferdt für sich selbsten, seiner art und natur, bevorab dem gesicht nach, ein subtilles thier ist, so sonderlich lufft und liecht sambt einem saubern orth oder stallung bedürfftig, also sein jezt bemelte stallungen an der höche, lenge und weiten solchermassen gericht und erbaut worden, daß selbige hinfiran für des closters pferdt nuzlich, den ankhomenden gösten aber zu ihrn pferdten annemblich sein werden, und sie sich zu beclagen, wie vor disem beschechen, nit ursach haben sollen, dabey auch nit wenig fürtraglich, das dise offtbesagte stallungen sumerzeit schön küel und lüfftig, im wündter aber gar warmb sein, welches dahero khombt, die weiln sie sambentlich mit schönen hochen und auf stainen pfeiller gesezten creizgewölben gewölbt und gar sauber, damit sich weder unziffer noch spinnen leichtlich aufhalten khönden, ausbrait, auch alle fenster neben enggestrickhten eisenen gätern ordenlich und so sauber als in einer stuben verglast sein, zudeme sein in ermelten stallungen neben einer aignen rist cammer, darinen der marstaller und gutscher, satl und zämb und was zu den pferden gehörig, khönden aufbehalten und versichern, darinen sie auch zu negst bey ihrn undergebnen pferdten ihr ligerstat haben, noch ein ander gewölbte grosse camer für der göst diener, und anders mit rossen ankhomendes gesindl, in dem gaststall geordnet werden, damit frembde leuth zu nachts mit dem licht hin und her zu lauffen nit ursach haben, wie sie dan mit aufgehenckhten laternen in stallen genuegsamb versehen sein, und sein erzelte gewölber nit allein zu verhietung feurs gefahr, welches gleichwol die mainste ursach, sonder auch damit der roßgeschmackh, so sonnsten durch hilzne pöden durchdringt, dem traidt nit schaden bringen möge, und man der meuß, auch anderm unzifers halber, so sonsten sich in ställen gern aufhalten, und durch gemaine hilzene pöden leichtlich durch fressen, auf dem casten versicher sey.

Auf daß auch für allerlay pferdt notwendige heu und streu, wie auch imerdar frisches wasser zu negst den stallungen verhanden sey, und der göst dienern oder auch den ankhomenden gilt paurn in den heustrielen und das heu hinweckh zu tragen verwörth wurde, ist ein aigner heustadl für gedachte pferdt zu negst bey den stallungen wie auch ein lebendiges und imerdar flüesendes wasser oder rörprunen dabey gericht und aufgesezt worden, also daß alles auf ain und andern weeg nit wol gelegentlicher für diesmal hete könden geordnet werden.

Man hat auch diesem herbst und windter mit trachtung des ferers notwendig pauzeugs starckhe fürsechung gethon und mit roß und leuthen aller orthen nit gefiert worden.

Die ausgaben auf erzelten pau trifft dis 1627 jahr
         3067 fl. 39 kr. 5 hl.

CAPUT VII

Anno 1628

Was gemeltes jar baut und für pau costen ausgeben worden.

Dis vorbemelte jar ist aus beweglichen ursachen, von dem neuerbauten casten bis an den traidtstadl, ein ganzer zwerch stockh, so den closterhoff schlüessen thuet, gefürt worden, dieser halt nachvolgende ingebeu in sich: Erstlich hat man gleich bei dem eingang ins closter für den tohrwartter, marstaller, gutscher, auch andere sonderlich frembte ankhomende diener und pothen, ein aigne stuben verordnet, und ist gleich gegenyber die kistlerstuben, so beede sambt dem flez und haizkhuchl, gewölbt und vor feur wol versechen, anbesagter kistlerstuben ist ein schöne weite somer werckhstatt und holzlög für den kistler, pauholz, wie auch oben under dem tach und ob gedachten zimern der gleichen behaltnus gericht worden, nach solchem volgt die einfart oder haubt tor ins closter, auf welchen ein drey gädiger thurn und darauf ein schlag uhr sambt einer gloggen zum spörleüdten sich befünden thuet.

Hierauf volgen die zimerstadl, in deme allerlay materialien, was für die zimerleith gehörig, aufbehalten und versichert werden. Nachmahls die wagenschupfen, schaf-, schwein- und hundtsställ, letstlichen ein aigne gewölbte haizkuchl, so für schwein und laidthundt gebraucht würdt, welches alles und jedes zu seinen nuz und gebrauch sovil möglich ordenlich und bestendig von ganz neuem und cröfftigen maurn eins zwölfschyeigen gadens hoch aufgefiert, und der ganze stockh so ain starckhe leng und 36 schuech prait, wie all andere neue gebeu mit haggen und preiß gedöckht worden.

Diesen herbst und wündter hat man wie vorige jar in dem stainbrüchen und mit dem fuehrwerckh, sovil sich thuen lassen, vortgearbait, der pau costen trifft dis jar 1628
         2916 fl. 48 kr. 3 hl.

CAPUT VIII

Anno 1629

Volgt, was man anno 1629 gebaut und auf den bau an gelt ausgeben hat.

Weiln dan wegen der zum mayrhof erkhaufften ackhern und grundtstuckh auch der vermehrten zechent halber, das traidt nit wol in den traidt oder tröschstadl hat khönden underbracht, sonder mit schaden auf die stroplaenen under die tächer ob den stallungen hat miessen gelegt werden, also hat man gedachten stadl umb 40 werchschuech lenger gebaut und mit selbigem bis an ob bemelten zwerchstockh, da einem die schaff und schwainställ sein gefahrn, und also gegen undergang und mitnächt ein geschlossenes erckh formiert und beede stöckh zusamen gebracht und conjungiert. Gleichfahls, weiln auf der obern seiten gedachten traidt stalles ein altes unnuzes gebeu, so zuvor ein roß stallung gewesen, gestanden, also ist selbiges ganz auf den poden hinweckh brochen worden, und ist man von dem stadl bis an den fuehrstall, so wie obbedeit worden, an das mayrhaus anstosst, mit einem in den höchen und weiten jezterzelten stall und stadl gleichem stockh, so in die 45 schuech lang, aufgefahrn, und mit solchem bau die seiten des hoffs gegen undergang ganz geschlossen worden, in diesem stockh sein zwo stallungen zu gericht worden, in dem ain könden 12 zwaijerige follen und jungen stuethen, in dem andern auch 12 ain jerige hengst und stuethefillel gestelt werden, auf besagten ställen sein, wie auf andern beschechen, ordenliche heu und stroplannen gericht worden, darauf man für alle pferdt die notturfft stroschneiden und das gsodt richten kan.

Dises 1629 jar ist auch der ganze mittägige stockh, wo das Geörger thor ist, von neuem erbaut, und andern in die höche und weiten gleich gemacht worden. In disem stock befünden sich nachvolgende ingebeu, erstlich die haizkuchel, von dero man gleich in den vichstall gehn khan, und werden hierinnen die gsöder für daß oxen- und khuevich angebrent und zuegericht, also daß mans gleich von der prenden oder darzue gerichten podigen dem vich in die pärn fürgeben khan, und nit weit tragen darf, zu negst daran ist abermahl ein einfart in daß closter und also das ander, nemblich St. Geörgen thor genant, herauf volgt die schmidten, beschlagstadt, eisen- und kolkammer, nach solchen befündt sich die wagner stuben, dise officien sein alle vor feurs gefahr woll versichert und durchgehendt mit schönen hochen creizgewölben gewölbt und in ander weeg wolversehen. Zunegst an dise stuben hat besagter wagner, der sowohl als der schmidt ein besolter diener, sein summer werckhstadt und holz lög für daß wag holz, so ein grosser und wol accomodierter ort. Darauf volgt ein andere und wol zimblich grosse gewölbte stuben für andere ungewisse handtwerchsleuth, als satler, glasser, weber etc. Und sein ob gedachten gemächen die pöden also gericht, daß man sonderlich vom wagner im vorrath gemacht arbait sicher und verspört darauf benalten khan.

CAPUT IX (1630)

.........(fehlt)
man auf jeztgemelte gsindlstuben und drey cammer gebaut, so alberait, zum thail mit kistlerarbait oder schreinerwerckh, wie auch in ander weeg wolversehen worden.

Dis jahr ist auch ein ganz neuer vichstadl für das waidt und oxen vich, so den somer zu nachts nit haimbtriben würdt, zu negst dem waldt auf den wenger wißmat aufgesezt worden, so vor disem nit gewesen, welches dem vich, sonderlich wan es khalte nächt und

regenwetter abgibt, sehr nuz, und wegen samblung deß tungents
für den dabey gelegnen neuen anger nit wenig fürtraglich.

Bemelten somer ist auch ein neuer und wegen des starckhen geschmachens von den zimern abgesinderter großer und dieffer kraut
keller zu negst hinder den mayrhaus gebaut worden, sovil dienstlich und also zu gericht, daß stetig frisches prunen wasser darain rinen thuet.

Die herbst und wündterarbait, als mit stainbrechen und allerlay
fuerwerch. ist vorbesagtermassen continuiert worden.

Auf erzelten pau ist dis jar spendiert worden
            2054 fl. 31 kr.

CAPUT X

Anno 1631

Dises bedeute jar ist haubtsechlich St. Veits kirchen zu Oberwindach erbaut, und andere vorgehende gebeu zum thail ausberait
worden.

Dis jar ist anderst beim closter nichts neues gebaut worden,
allain daß die zuvor und erzeltermassen aufgefierte gebeu zum
thail und wo am maisten bedörfft, ausberait und völlig zugericht
sein worden, und ist hiebey zumörckhen, daß nunmehr gott lob alle auswendige gebeu und notwendige officinen also auferbaut und zugericht worden, das man nit selbigen alberait die dreythail eines schönen und grossen quaters und gueten thails viereckheten
weiten und durchsichtigen hoffs, so mit zway haubt torn stets
khan versport gehalten werden, geschlossen habe, den vierten
stockh und convent pau und closter oder der religiosen wohnung
abgeben, gott geb hierzu sein götliche gnad.

Dis jar ist auch St. Veits kürchen zu Oberwindach, so dem closter
incorporiert und ganz baufellig gewest, ganz vom fundament aus
abbrochen, wie auch der kürchen thurm und thails der freithof
maur von neuem auferbaut, zugericht und geweicht worden.

Ingleichen hat man die kürchen zu Praitpronnen, thurn und freithof maur zu gueten thail repariert und verbessert.

Disen windter ist in den stainbrichen nichts gearbait, aber mit
dem fuehrwerch, sovil sein khönden, nit gefeurt worden.

Ob zwar aus der ordinari rechnung der ausgeben, so auf bemelte
gebeu gangen, für dis jar aus sonderbaren verhinderungen khain
gewise specification, wie vorige jar beschechen, gemacht worden,
ist doch gedachte ausgab auf gemelten kürchenpau auf wenigist
gewest
            1000 fl.

Es ist auch in sonderheit nit zuverschweigen, was die jar hero,
sonderlich von anno 1629 bis anno 1632 für nambhaffte arbait und
verbesserung an den vischseen und weyern verricht worden, als
nemblichen seinen beede im closter garten ligende weyer und die

lange grueb mit lauter abgerichten tufftstuckhen, wie auch die hoche und lange prustmaur im kuchl gartten aufgefiert und ausgemaurt worden. Item am grossen und clainen Wenngersee sein beede dämb dockhen und gusbröder von neuem zugericht und mit schlachtwerch oder prustwöhrn wol versechen und versichert worden; zu deme hat man den clainern und grossen wenger see jeden halb ausgeraumbt und were zwar mit diesen wassergebeuen, sonderlich beim Spradl see noch ein mehrers beschechen, wan nit der laidige schwedisch und feindtliche auch allerorthen empfündtliche einfahl und schödliche plinderungen so verhündert hete, aber gott würdt hoffentlich aller zu gewünschtem end und gueter perfection zu seiner zeit khommen lassen, darumben wür ine hoch zu bitten haben. etc.

CAPUT XI

Computation umb summarische verzaichung, was obgemelte jar an gelt und traidt auf erzeltes pauwerch gangen ist.

Erstlich inhalt von jar zu jar vorgesezter sumen thuet alle gelt ausgab   15999 fl. 2 kr. 4 hl.

Neben disem ist dem ziegler von ao. 1623 bis anno 1630 inclusive, allain an gelt, ausser was man ihme an traidt und anderm nach inhalt seiner bestallung geben   3412 fl. 14 kr.

Item ist dem eisenhandler als Hansen Aindorffer zu München dise obbemelte jar hero für stachel, nögel, glas, pley und zinn in allem bezalt worden   820 fl.

Dem kistler und seinem gesollen für verdingt und unverdingte arbait und gemaines wochenlohn   650 fl.

Dem schlosser für sein arbait, darein auch daß jenige zaint und grobes eisen, so von der renschmidten aus ihne geben worden, geschlagen bezalt   1000 fl.

Dem haffner für 14 neue öffen auf in anden sambt dem aufsözen P. 12 fl. thuet   168 fl.

Dem glasser dise jar hero in allem für sein arbait neben der cost zalt   160 fl.

Summa summarum, was vorbeschribnermassen in allem an parrem gelt ausgeben worden
    22209 fl. 16 kr. 4 hl.

Neben disem ist den maurern, zimerleuthen und allerlay zum pau gehörigen tagwerker von anno 1622 bis 1632 in allem, ausser etlich wenig mezl. 500 schl. roggen und gersten abgeben, und jedes schäffel P. 6 fl.. da es doch sonsten ins gmain von 9 bis 10 und

12 fl. etlich jar hero golten, und bei der zallung an statt par gelt abgerechnet, aber in die obverstandene gelt ausgab nit eingeschlagen worden, also daß yber obgesezte gelt ausgab die traidt ausgab absonderlich trifft
          3600 fl.

Solche summa zu der gelt ausgab gesezt, thuet die völlige ausgab auf den neuen pau sambt seinen pertinentiis und was daneben an alten und wie ob specificiert auslendischen gebeuen verricht, repariert und verbessert worden. in allem
          25809 fl. 16 kr. 4 hl.

CAPUT XII

Unfürgriffliches guetachten, wie die aufgefürte und obbedeute gebeu, sovil möglich, bei gueten würden khönden erhalten werden.

Zum beschluß dieser obgesezten observation solle hiemit zu unfirgreiflichem und wollmainden guetachten nachvolgemeltes nit verschwigen bliben, nemblichen, daß wie alle ding, so wichtig und an ihnen selbsten guet sein, mit sonderm vleiß, miehe und arbait bekhommen, also auch und solche weiß müessen erhalten werden.

Wann dan auf den nach langs beschribnen pau vil arbait, miehe und costen gewendt worden, also würdt vonnötten sein, daß man auf mitl gedenckhe, wie man nit allein das, was neu gebaut, sondern auch was an alten gebeuen reperiert worden, bey gueten würden und wesen erhalten thue, und nit durch schödliche nachlessigkheit oder ybrige khargheit zu verderblichen abschlaipf und undergang khumen lasse.

Dahero nit unratsamb sein wurde, weillen man ohne daß beim closter im winder ein aigen preuen halten thuet, daß man jedes mahl ein solchen bestete, der daneben auch erfahren were, den kundte man auf ein ganz jahr dingen, und mit ihme sovil pactiern, daß er neben dem preuwösen somerszeit etlichmahln bey allen gebeuen nit allein beim closter, sondern auch den schwaig zuesechen und acht geben thet, ob der windt und ungewitter an den tächern und in anderweeg, und zwar nit allein, was das gemeur, sonder auch die zimer und pöden anlangt, schaden gethan haben, welches, und sonderlich, wo gegen dem wetter der wurf ab feldt, er alsbald wenden und damit nit größer schaden daraus ervolge, versichern solle, und weiln ein maurer den träf von aussen her und an der tächern nit allezeit sechen und spirn khan, im convent ain aigner aus den conventualen, in der probstey und auser der clausur ein camerer und gastkhnecht auf den traidt cästen, mill und pfister ein miller, in den officinen und werckhstätten jeder maister, im mayrhaus, stadlen und ställen der mayr verordnet werde, die auf den träf und einregnen oder schneiben fleissig acht geben theten, und, da sie etwas mörckhen, sollen sie alsbaldt den procuratorem oder einem gesindl hofmaister mahnen, der den schaden neben dem maurer selbst besichtigen und das selbiger alsbaldt, so imermöglich, abgewendt werde, mit erst darob sein solle, da also ein jeder under gemelten persohnen disfahls sein vleiß und obacht, welches man ihnen sonderlich und mit ernst anbevelchen und einbünden müesse, gebrauchte, siche ich nit, wie leichtlich (ausser feurs gefahr darvor uns gott genedigelichen behueten wolle) ein nambhaffter schad geschechen khönde, sondern ist gewiß, daß man lengers erzelter und beschribner massen gefürter pau unsern nachkhommen sehr wol dienen wurde, und derfften die nachkhommenden hern praelaten dergleichen schwern baucosten, als jezt und dieser zeit nottrungner weis beschechen müessen, nit aufwenden, sonder wurden das gelt in ander nuzliche weeg anlegen khönden.

Damit aber auch alle feurs gefahr, sovil nach gott uns menschen und einem jeglichen fürsichtig und wachtsammen haus vattern obgelegen sein wil, mit sonderm fleiß verhüet werde, wurde nit unratsamb sein, wan man obbesagten aignes hierzu bestelten maurer in seiner instruction einkhommen ließ, daß er sonderlich zu wünderszeiten offt zu den haizstötten und kimichen oder rauchfangen sechen und acht geben thet, ob sie sich nit klieben oder sonst schadhafft sein, auch ob in selbige nit etwan daruen oder durchzug maurbenckhen etc. eingemaurt sein, sich entzünden und dardurch, wie oft beschechen, schaden ervolgen möchte, auch ob die kömichkherer gedachte rauchfeng fleissig, wie sich gebürt, khörn und seubern thüen.

Neben deme solle man die an unerschidlichen orthen des closters angefangne, aber noch nit gar aufgeführte feur schiessen auszubauen nit underlassen, dan an selbigen das in tächern fürbrechente feur am eheisten zufangen und zu bessern, also daß wan ye ein thail an einem stockh oder auch der ganze stockh dariber gehn mieste, khönde man doch die andern gebeu und zimer mit der gnadt gottes salviern und erhalten, und were ein schädl alzeit leichter als ein grosser und durchgehender schadt zu ybertragen. Beynebens ist hiebey zu beobachten, daß wo es an gefehrlichen orten, als sonderlich im mayrhaus in der grossen haizkuchl, aus dero man gleich ohne ein flöz in vichstall gehet, item beim waschhaus, schwein- und hundts-kuchl, in khistlers werchstath eisenthürn anhengen thuet, welches wegen vortl der eisenschmiten nit so gar vil costen wurde, wie dann bey dem gewölbten flöz oder durchgang im mayrhaus mit zwaien dergleichen eisenen thürn ein anfang gemacht worden, die man nächtlich nit allein des feurs, sonder auch andere ungelegenheiten zuvermeiden, spörn kan, solche thürn künden nach und nach, wan sie ye auf ain jahr zuvill costen wurden, gericht werden, deren doch jegliche eine in die ander zurechnen yber 25 fl. nit costen wurde. Es sollen auch nach der weil die hilzenen tachseyen, als sonderlich an dem traidt stadl und bei St. Geörgen thor mit kupfer dockht werden, weil man anderst, daß sie bestendig bleiben, und man vor feyr versichert sein khände.

Schließlichen ist wisslich, daß man an allen orten, wo ein rechte policey gehalten würdet, sonderlich auf ein schöne feurordnung gedacht ist, welches auch bei dem closter wol beschechen khönde, und were ganz ratsamb, daß man nit allein mit feurlaitern, häckhen und lidernen wasserkhiblen nach und nach guete fürsechung thette, sonder daß man jezt getachte instrumenten obvermelten bezölten maurer in sein verantwortung und fürsorg einhendiget, und beinebens noch sovil verordnete, daß alle in der hofmarch wohnhaffte maurer und zimerleuth wie auch die 16 ordinari tröscher sich auf begebenden glockhenstraich bey den laitern und feurhöckhen fünden, und von allen zu deme, was ihnen disfahls bevolchen wurde, gebrauchen liessen: dergleichen man auch mit den closterdiennern und handtwerchsleuthen in anderweg verordnen khönde, und were gar fein, wan man ein nuzliche feurordnung aufs pappier bringen und der gmain alle jar ain- oder zwaymahl verlesen thet, man könde auch disfahls mit dem marckht guete correspondenz halten: aber Gott, der alles in seinen schuz und schirm hatt, der behiete uns vor solchem laidt gnedig und lasse uns auf den notfahl erzelte menschliche mitl und fürsorg wol gedeyen.

III. Glossar

Erklärt werden nur die wichtigsten, heute nicht mehr gebräuchlichen Wörter. Im übrigen wird auf J.A. Schmeller, Bayer. Wörterbuch, 2 Bde., 1872/77 (2. Aufl., bearb. von G.K. Frommann) verwiesen.

ärdnen, äckern und ärdnen = pflügen
alberaith = bereits
anger, angermässig = zweimähdiger Wiesenanger
ausswerts = frühjahr

belztes (Obst) = veredeltes (Obst)
bestatten = bstaaten, bestätigen
bluemb besuch = Weidebetrieb
bürg = Gebirg
buzen = Butzen, innerer Kern

deichl = hölzerne Wasserleitung
dockhen (am Fischteich) = wohl Mönch ?

egarten, ehegärten = ehem. Ackerfläche mit Graswuchs
ehehalten (Dienstboten) = unverheiratete Landarbeiter
erbuerden (bei Kälbern) = ?
erklöckhen, erkläckhen = ausreichen, genügen

fahrn, farren = Stier
faslstier = Zuchtstier
feuerschiessen = Brandmauern
fexen, fechsnen = ernten
föchten und eichen = ? und eichen
frezen, verfrezen = abweiden

gandt, gant = Abmaierung, Zwangsverkauf
gailen = düngen
galt, galtvieh = Jungvieh
gemain trib = gemeindlicher Viehaustrieb
gesödter = Gsott, Hächsel
geschlacht = gleichartig, ordentlich
grössling und tax = Anflug von Laub- und Nadelholz
gruemat = Grumet
gurre, bauerngurre = altes Pferd
gussbröder (am Fischteich) = Gußbretter
gutschimehnung = Kutschengespann

haggen und preiss = Dachziegel ("Mönch und Nonne")
hart = schwer
hoz = Hetze oder Hatz ?

juchert = Flächenmaß

kag, köger = Gehag, Hecken
kalmen = Kalbinnen, Färsen
kan = kaum

keltter = Kalktuff
kern = Korn, Roggen
kimich, kömisch = Kamin
kistler = Schreiner
klieben = spalten
kunz = unnütz (koanz, keinnutz)

laubsträ = Laubstreu
leibsnarung = Austrag, Ausnahme
lösch, löschkot = schwarzes Erdreich (von Kohlstätten)
losen = einnehmen. erzielen
losung (z.B. Viehlosung) = Einnahme

madtmessig = mähgerecht
mairhof = Maierhof, Eigenwirtschaft
mehnen = einspannen
mehnung = Gespann, i.d. Regel mit 4 Pferden
menross (auch zugross) = Gespannpferde
metzen, mötzen = Metzen, Getreidemaß
miesig, müess = moosig, Moos
milchner = Jungöchslein
mosstreu = Moosstreu

nahrungsleith = Austrägler

parmb, die pärn = Barren
pfister = Bäcker
pötwerckh = Bettenzeug
prangen = herausstellen
prenten = Holzgefäß, auch für Getreide
prigl = Prügel zum Abstreichen des Zehentgetreides

raumen, ramen = roden, säubern
raumsegen = schwere Sense zum räumen
rennschmidten, kugelschmidten = Teile der Klosterschmiede
rüebig, riebig (kriebig) = geruhsam

samtwaidt = Gemeinschaftsweide
schäffel = Hohlmaß (Münchner Schäffel)
scharwerk = Hand- und Spanndienst
schegen, aufschegen = hinken?
scherhauffen = Maulwurfshaufen
schmalz = (hier immer) Butterschmalz
schwaig = Schwaige, Vieh- und Grünlandbetrieb
seufft = seicht
spech = Späh, Aufsicht
spilen (bei Kalbinnen) = spielen
spissig = dünn, dürr, mager (vom Boden)

tachseyen = Dachseien, aus Holz
tagwerk = Tagwerk, Flächenmaß
tax (und stauden) = (Fichten-)Zweige und -anflug
tegen (Stute) = säugende (Stute)
till (und gehag) = Zaun

tradt, trat (trib und trat) = Brachland als Viehweide
träf = Tropf?, Treff?
techl (auch dechl) = Waldmast (mit Eicheln oder Bucheln)
tunget = Dung (Odel, Jauche, Mist)

unärdig = ungepflügt
unformblich = unförmlich

verstaden = verstatten, gestatten
verzwelen (bei Kälbern) = ?
vesterey = Gewandkammer
vösen, fehsen = Dinkel, Spelz
vörglen, fergeln = fegen, reiben, wetzen
vortl, die vörtl = Vorteil, Geschick

widen, widenbauer = Pfarrpfründegut, (-inhaber)
wissmahder = einmähdige Wiesen
wun und wayd = Weide; wun = zu mähendes oder abzuweidendes
                      Gras

zaffen = pflegen
zaint = zainen, Schmiedevorgang (Zainfeuer, Zainhammer)
zigen mandl = ?
zueng (beim Eisen) = Zwingen?
zwerchstock = quergestellter Gebäudeteil

<u>nicht les- bzw. erklärbar:</u>
S. 22 M. (Metzen?); S. 33 feden; S. 41 unsgehn; S. 42 schoff;
S. 52 euen; S. 54 abworden; S. 65 el. (Eimer?); S. 74 emig;
S. 82 daruen.

IV. Ortsweiser

Die häufig vorkommenden Orte Dießen, St. Georgen, Romenthal, Achselschwang und Thann sind nicht berücksichtigt.

Aichberg b. Achselschwang, Einöde, abgegangen im Dreissigjährigen krieg, S. 3, 26, 34, 38, 45 ff., 50 ff., 52
Albrechtsried S. 54
Alting, Pfarrer, S. 67
Ammersee, Schiffhütte mit Schiff, S. 74

Breitbrunn, Kirche, S. 79
Bierdorf (Zehentstadel), S. 44, 74

Dettenschwang, Gemeinde, S. 53 f.
Dinzelbach, S. 68

Finning (Ober-, Unter-), S. 18, 34, 38, 46, 50 f., 69, u.a.
Friedberg, S. 68 f.

Gestüt Herzog Albrechts, S. 30

Hausen b. Hofhegnenberg, S. 21
Hechenwang, S. 51
Hofstetten, Pfarrer, S. 65 ff.

Imbenthal, Gut, S. 54

Kaufering, Pfarrhof, S. 73

Landsberg, S. 47, 54
Lechrain, S. 19
Liechtenau, Flur, S. 43, 48 u.a.
Ludenhausen, S. 67

München, S. 65, 67 f., 80

Oberschondorf, Zehentstadel, S. 74
Oberwindach, Kirchenneubau, S. 79

Polling, Kloster, S. 44

Raisting (Zehentstadel), S. 40, 74
Rottenbuch, Stift, S. 54

Schedlwald, S. 37
Schellschwang, S. 41
Schondorf (Ober-, Unter-), S. 18, 51 ff., u.a.
Seefeld, Toerring zu, S. 30, 67
Spindler, Flur, S. 26, 28, 41, 44 u.a.
St. Alban, S. 44, 60
Steinebach, S. 52
St. Martin b. Dießen, S. 26, 34, 41, 47, 71
St. Stephans Kirche zu Dießen, S. 49

Utting, Pfarrhof, S. 18, 50 ff., 73

Weilheim, Bürger, S. 47 f., 67
Weinberg, Flur, S. 48
Wengen, S. 34, 47, 48
Wessobrunn, Kloster, S. 16, 54
Windach (Unter-), Füllscher Maierhof, S. 30

Quellen und Forschungen zur Agrargeschichte

Herausgegeben von Prof. Dr. W. Abel, Göttingen, und Prof. Dr. G. Franz, Stuttgart-Hohenheim

Eine Auswahl

Band XIV · Wiese/Bölts · **Rinderhandel und Rinderhaltung im nordwesteuropäischen Küstengebiet** vom 15. bis zum 19. Jahrhundert
1. Teil · Der Rinderhandel im nordwesteuropäischen Küstengebiet vom 15. Jahrhundert bis zum Beginn des 19. Jahrhunderts
2. Teil · Die Rindviehhaltung im oldenburgisch-ostfriesischen Raum vom Ausgang des 16. Jahrhunderts bis zum Beginn des 19. Jahrhunderts
1966. X, 271 Seiten, Ganzleinen DM 92,—

Band XIII · Achilles · **Vermögensverhältnisse braunschweigischer Bauernhöfe im 17. und 18. Jahrhundert**
1965. VIII, 117 Seiten, Ganzleinen DM 39,—

Band XII · Grosser · **Anleitung zu der Landwirtschaft (1590)** · von Thumbshirn · **Oesconomia (1616)**
Zwei frühe deutsche Landwirtschaftsschriften
1965. VIII, 109 Seiten, Ganzleinen DM 46,—

Band XI · Buchholz · **Ländliche Bevölkerung an der Schwelle des Industriezeitalters**
Der Raum Braunschweig als Beispiel
1966. X, 94 Seiten, 6 Abbildungen, Ganzleinen DM 42,—

Band X · Dopsch · **Herrschaft und Bauer in der deutschen Kaiserzeit**
Untersuchungen zur Agrar- und Sozialgeschichte des hohen Mittelalters mit besonderer Berücksichtigung des südostdeutschen Raumes
2., unveränderte Auflage
1964. VIII, 272 Seiten, Ganzleinen DM 58,—

Band IX · Schremmer · **Die Bauernbefreiung in Hohenlohe**
1963. XIV, 208 Seiten, Ganzleinen DM 56,—

(Preisänderungen vorbehalten)

Gustav Fischer Verlag · Stuttgart

Bei Fragen zur Produktsicherheit wenden Sie sich bitte an:
If you have any questions regarding product safety,
please contact:

Walter de Gruyter GmbH
Genthiner Straße 13
10785 Berlin
productsafety@degruyterbrill.com